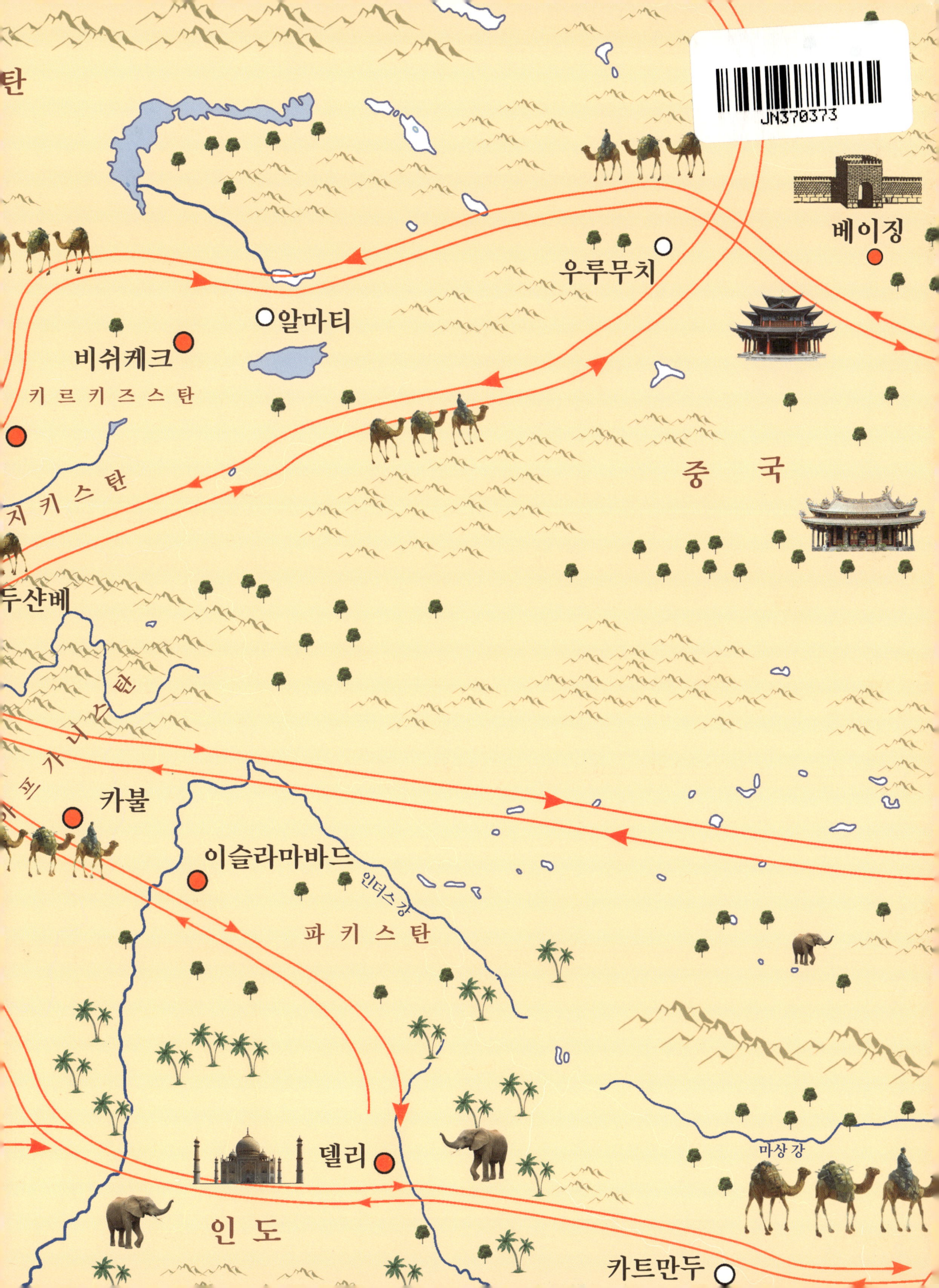

구르반굴리 베르디무하메도프

투르크메니스탄
- 위대한 실크로드의 심장

대한민국
한·중앙아친선협회
2018. 10.

UOK 908+930.85
B 48

B 48 구르반굴리 베르디무하메도프
『투르크메니스탄 - 위대한 실크로드의 심장』
투르크메니스탄 국립 출판 서비스, 2018.

    서술적 역사, 문화적 가치 그리고 민족의 기념비들을 반영하는 많은 역사적 사건들의 기록은 미래 세대의 내면세계를 확장시킨다.

    존경하는 투르크메니스탄 대통령이 저술한 이 책은 투르크멘의 위대한 역사를 칭송하는 설화들을 모은 것이다.

    이 책에 기록된 전설과 사건들은 실크로드의 역사 속에 살아 있는 것들로서 현재의 관점에서 재평가하는 기회가 될 것이다.

    이 책에는 오늘날 투르크메니스탄이 실현하고 있는 프로젝트의 초기 사례와 세계적인 물류 시스템의 조화로운 발전에 미치는 영향에 관해 기술하고 있다.

    이 책에는 친선과 평화·애호 원칙에 의거하여 투르크메니스탄의 국가적 정책의 원류를 나타내는 흥미로운 이야기들이 들어 있다.

TSBCh № 254, 2017   BBK63.5(2Tu)+71

© G. Berdimuhamedov, 2018

들어가는 글

친애하는 독자 여러분,
역사를 회전하는 행운의 수레바퀴로 비유할 수 있습니다.

그 바퀴는 한 민족의 운명에 빛을 부여하기도 하고 어둠을 부여하기도 합니다.

세계사에서 가장 오래된 민족들 중 하나인 투르크멘 민족은 수천년 동안 전례 없는 영광, 행복 그리고 평온한 삶을 부여 받았습니다.

신은 우리에게 영광스러운 숙명, 번영, 무한한 지혜, 끊임없는 행복을 선물로 주었습니다.

이것에 대한 초기 설화들 중 하나를 소개하겠습니다.

중세시대에 많은 지역으로부터 칭송을 받던 아랍의 칼리프 중 한 명이 있었습니다.

그러한 그의 관심을 끈 것은 유일하며, 친화적이고 서로 간에 유대감을 돈독히 하며 번영된 삶을 누리고 있는 투르크멘인들의 삶과 역사적 흔적이었습니다.

그래서 칼리프는 지식인, 학자들, 장관들을 모아 놓고 다음과 같이 말했습니다.

"투르크멘인들이 가진 힘의 비밀이 어디에 숨겨져 있는지 알고 있는가?

투르크멘인들은 빠르고 견고히 정착하여 살고 있으며, 모든 사람들과 소통할 수 있는 공통어를 찾아낸다.

그리고 모든 것을 얻고, 정해진 목적을 달성하고 있다. 그들의 심장은 사자같이 용감하고 숭고한 정신을 가지고 있다. 이 모든 것이 어디로부터 나오는 것일까?

이것에 대한 모든 자료와 목격담과 정보를 수집에서 가져오너라.

나는 이 모든 것을 배우고 깨닫고 싶다."

그러자 칼리프의 명령에 따라 학자들은 당시에 세워진 모든 주요 도서관에서 이에 대한 모든 자료를 모으기 시작했습니다.

그 뿐만 아니라 관료들은 상인들, 여행자들, 이야기꾼들에게 얻은 정보를 수집했습니다.

자료와 정보를 집대성한 10권의 책이 탄생했습니다.

학자들은 이중에서도 가장 유용한 정보들을 선별하여 투르크멘인의 특징을 10가지로 정리하여 칼리프에게 보고했습니다.

"그대들은 매우 훌륭한 일을 수행했다. 만약 내가 이 열 가지의 본질을 이해한다면, 나는 더 생생하게 투르크멘인들의 진가를 이해할 수 있을 것이다"라고 말하며 칼리프는 학자들에게 고마움을 표했습니다.

그 후에 칼리프는 한 고위 관료에게 말했습니다.

"들으라. 그토록 오랜 시간 동안 자네를 제외하고 누구도 이 기록들을 상세하게 연구할 수 없었다.

투르크멘인들이 행복한 숙명을 가진 민족일 수밖에 없는 비밀이 어디에 있는지 나에게 말을 해 줄 수 있겠는가?"

고관이 다음과 같이 대답했습니다.

"오, 영광스러운 칼리프여! 여기 몇 가지 이유와 증거가 있습니다.

그러나 그것들 중에 오직 한 가지만 충분히 말씀 드릴 수 있을 것입니다.

투르크멘인은 승리, 성취, 조화 그리고 평화유지를 위해 창조되었습니다. 이것에 대해 예언자의 교리와 역사적 설화와 전설이 증명하고 있습니다.

그들의 후손들 중에는 지혜로운 학자들, 강인한 인물들, 그리고 지도자들이 자라고 있다고 합니다.

그들은 용감한 전사들로 언급되고 있으며, 그들의 힘은 불, 물, 그리고 바람과 같은 자연의 힘으로 병거할 수 있습니다.

만약 그들이 단합된 힘으로 단결되었다면, 그들의 숙명은 승리를 쟁취하고 난관을 극복하게 되어 위대해 질 것입니다.

여기에는 다른 비밀이 없습니다."

고관의 명확하고 설득력 있는 답변에 만족한 칼리프는 고관에게 다음과 같은 명령을 했습니다.

"수집한 모든 자료들을 하나로 모아서 책을 써라. 그리하여 우리 세대가 투르크멘의 영광스러운 삶과 운명을 배우고 그들을 존경하고 본받아 그들을 닮을 수 있도록 하라."

보다시피, 모든 민족은 나라의 기강을 세울 때까지 자신들의 미래 세대에 대해 역사적 의무를 갖습니다.

운명은 아주 오래전부터 투르크맨인으로 하여금 짓고, 건설하고, 발전하고, 민족간 유대감을 촉진시켜 민족의 결속을 다지고, 평화를 수호하도록 하였습니다. 이 모든 것 중에 가장 중요한 것은 인간의 존엄을 존중하는 것이었습니다. 이에 투르크멘은 승리의 길목에 서 있었으며 문화적 이데올로기적 발전의 중심이었습니다.

또한 투르크멘은 대륙을 연합시키는 힘의 역할을 했으며 언제나 중요한 시작점에서 주도권을 잡았습니다.

투르크멘인들은 실크로드를 발생시키고 활발한 활동을 하는데 있어서 주도적인 역할을 하고 있으며 유네스코 세계 유산 목록에 등재될 자격이 있는 모든 면이 투르크멘인들에게 속한다고 할 수 있습니다.

실크로드는 동양과 서양의 역사와 민족을 이어주는 중요한 역할을 수행했습니다.

역사적 기록이라든가 출토된 유물, 민족적·문학적 가치, 정신적 민족 유산 등과 관련하여 실크로드에 대한 관심은 더욱 더 높아지고 있습니다.

실크로드는 황금의 길이 되어 인류의 운명 발전에 영향을 끼치게 되었고, 친선과 세계 민족의 유대감을 영구화하게 되었습니다.

세계는 위대한 실크로드가 세 번째 밀레니엄 시대에 남긴 유산을 자랑스럽게 여기고 있습니다.

당시 여러 민족의 선조들은 이 국제적 교역로에 애착을 갖고 활발하게 움직일 수 있도록 규율을 세우고 지켜 나갔습니다. 이런 영광스러운 역사에 대한 자부심은 오늘날 후세인 우리에게 미래를 성취할 수 있는 동기를 줍니다.

삼십년 동안 대규모의 개혁은 독립국으로서 투르크메니스탄의 사회-경제와 사회생활의 모든 영역에서 실현되고 있습니다. 발전되고 사회 지향적인 시장 경제의 국가 모델의 형성은 이러한 근본적인 변화의 주된 방향 중 하나입니다.

경제적 개혁을 진행할 때 경제적으로 앞선 다른 나라들의 경험을 고려하여 기계적으로 모방하기도 하지만 이를 창조적으로 가공하기도 합니다.

투르크메니스탄의 경제개혁은 투르크멘 민족의 민족적 특성을 기반으로 하는데 높은 인구 1인당 총생산과 이익지표가 그것을 증명하고 있습니다.

지난 20세기에서 70년간 투르크메니스탄 국민들을 지배한 사회주의 경제 체제에서 자유 시장주의로 이동은 까다로웠습니다.

그러나 투르크메니스탄의 역사에는 그보다 더 오랜 기간이 있었습니다. 수세기 동안 실크로드가 번성하면서 풍부한 경험이 축적되었고 국내외 교역, 고품질 농산물과 공예품 제조 분야에서 쌓인 노하우가 투르크멘의 대도시와 지방 중소 도시뿐만 아니라 서쪽과 동쪽에 있는 먼 나라로 전파되었습니다.

투르크멘 영토 내에서 공예가의 방직 기술이 큰 번영을 이루었다는 많은 증거가 있습니다.

무늬를 놓은 비단은 중국, 인도를 비롯한 여러 나라에서 많은 요청을 받았습니다.

우리 조상들은 좋은 물건을 만들 줄 알았고 그것들을 팔면 큰 이익을 얻을 수 있다는 것도 알았습니다.

알려진 바와 같이 투르크메니스탄은 전략적으로 중요한 국제 교통로의 교차점에 있기 때문에 지정학적으로 매우 유리한 위치를 차지하고 있습니다.

그러한 최대의 결과로, 투르크메니스탄이 기존의 거대한 수용력을 수행하고 새로운 경제 수준을 달성하기 위해 운송 및 통신 분야에 적극적인 조치를 취하는 것은 놀라운 일이 아닙니다.

이를 위해서 투르크메니스탄에서는 분주한 운송과 통신기반시설을 개발하고 있습니다.

이것은 우리나라의 경제를 체계적으로 발전시키는 것이며 투르크멘인의 복지 증진을 촉진시키는 사회 프로그램을 총체적으로 실행하는 것입니다. 다른 한편으로는 세계 평화와 안정 그리고 확고한 발전의 이해관계에서 광범위한 국제 협력을 구하고 강화할 수 있는 가능성을 줍니다.

투르크메니스탄을 세계 통신 공간의 중요한 연결 고리로 전환하기 위해 우리는 운송 분야의 모든 부분에서 대규모 프로젝트를 시작하였고 상당한 투자를 하고 있습니다.

남북을 잇는 운송로 형성과 동서 대륙을 횡단하는 운송 경로의 결합은 유라시아 지역에 있는 국가들에게 유럽, 중동, 중앙아시아, 남아시아, 동남아시아 시장으로 향할 수 있는 넓은 출구를 제공합니다.

이렇게 분주한 대륙횡단 운송 교통 기반을 형성하는데 가장 큰 규모의 국

크로드를 따라서 움직이는 카라반들

민속 악기 피리 연주

습니다. 유산의 깊이는 무궁무진합니다.

연구자들은 중국과 지중해 국가를 연결하는 실크로드 경로가 타클라마칸(Taklamakan) 대초원에서 시작하여 두 가지 방향으로 움직였다는 것을 확인했습니다.

첫번째 경로는 북쪽으로 향하고 있는데 톈샨 산맥을 지나고 타림 강(Tarim River)을 따라서 카쉬가르(Kashgar)까지 이어집니다.

이어서 파미르(Pamir)에서부터 페르가나(Fergana) 계곡, 사마르칸트(Samarkand), 아물 강(Amur River), 아무다리야 강(Amyderya River) 하류, 아랄해(Aral Sea), 흑해의 북부 지역에 있는 볼가 강(Volga River) 하류를 거쳐 더 멀리 떨어진 곳으로 이어집니다.

두번째 경로는 쿤룬 산맥(Kunlun Mountains)의 북쪽 산등성이를 따라 허텐(Khotan), 야르켄타(Yarkant), 바흐트리아(Bactria), 투르크메니스탄을 지나서 남쪽으로 이어지는 길입니다.

이 길은 헤카톰필로스(Hecatompylos), 엑바타나(Ecbatana), 그리고 아카메네스조(Achaemenid) 제국을 지나 시리아 방향으로 뻗어 나갑니다.

투르크메니스탄을 거치는 지선 중의 하나는 북인도(North India)까지 다다르고 있고, 또 다른 하나는 카스피해를 지나 서방 국가들로 가는 길입니다.

보다시피, 이 밝고 행복한 실크로드 지선은 모든 세계의 끝에서 지구의 심장부인 투르크메니스탄의 품에 이릅니다.

성스러운 이 땅에서 시작되어 경제적 협력과 관광과 같은 친선과 유대감을 형성하는 길들은 모든 대륙으로 과감하게 뻗어 있습니다.

여기에서 '조국의 개혁과 문화유산에 대한 경의를 표하는 해'로 지정되어 풍성한 내용들로 가득한 자료들이 발표되었던 2016년을 언급하고 싶습니다.

그 해에 우리 민족의 가치에 대한 연구와 선전에 대한 대규모 작업을 수행했습니다.

이 가치는 수세기를 거치면서 생겨난 깊이에서 빛을 내뿜으며 과학, 역사 및 문화에서 갖는 의미는 다이아몬드의 광택에 비유할 만합니다.

그 해에 투르크메니스탄인은 본질과 이러한 가치들의 대한 내용이 밝혀진 지식과 관념의 의미를 실질적으로 이해할 수 있었습니다.

강조하고 싶은 것은 애국심은 우리의 정신을 고취시키고, 힘을 더해, 삶의 경험을 확장시켜서 모든 사람을 다시 태어날 수 있도록 합니다.

조국의 개혁과 문화유산에 대한 경의를 표하는 그 해에 저는 여러 해 동안 사람들로부터 들었던 이야기와 많은 책에서 읽은 사실에 관한 제 결론과 생각의 전체 주기뿐만 아니라 우리의 풍부한 민족적 문화유산과 역사에 관한 자료를 만들었습니다.

최근 이러한 것들이 삶의 문제 해결에 도움이 된다고 확신합니다.

2016년도에는 아쉬하바트 외곽에 위치한 파리즈데페(Paryzdepe)에서 고고학 발굴과 다른 유적지 및 인근 지역의 촌락에 대한 연구 조사가 시작되었습니다.

투르크메니스탄의 학자들, 기자들, TV와 라디오 방송인들은 단기간에 도달한 성과들을 자랑스러워했습니다.

고대 투르크메니스탄 촌락들이 간직하고 있는 매우 귀중한 정신적 유산들을 연구한 민속학자들은 자신들의 과학적 연구를 통해 인류 문화 발전사에서 그들의 고유한 역할을 재확인했습니다.

그 해에 저는 『차 - 약제와 영감』, 『신속한 준마의 걸음걸이』, 『하늘의 아름다움』, 『세계의 음악, 친선과 유대감 음악』 등의 저서를 편찬했습니다.

이 저서들에 세계 문화에 대한 투르크멘 민족의 근본적인 공헌을 묘사했습니다.

저는 이 대화의 본질이 그러한 토대 위에서 나왔다고 주장하는 바입니다. 오늘날 세계가 복잡한 상황에서 영세중립국투르크메니스탄의 지속적 독립적 발전과 관계된 다방면의 연구는 근본적으로 신중한 접근이 필요합니다.

또한 이것은 세계 경제와 민족의 역사, 지리적 조건 및 문화에 대한 구체적인 생각을 하게 합니다.

실크로드는 우리 역사에 지울 수 없는 자취를 남겼습니다.

실크로드의 행로를 따라 서쪽 카스피해와 동쪽 아무다리아강 사이에, 북쪽 우스튜르트(ustyurt) 평원과 남쪽 코펜다그(kopetdag) 산맥 사이에 나 있는 길을 통해 투르크메니스탄 문화가 형성되었고, 오구스(Oghuz) 지혜의 뿌리가 모든 대륙으로 뻗쳐 나갔습니다.

이 길에서 다양한 문화를 가진 사람들이 서로 만나 축적된 경험, 기술, 발

아쉬가바드의 카라반 사라이　　　　　　　　　　　　　자카스피 주

발행인 V.M.유돌로비치와 G.M. 가브릴로프　　　　　스톡홀름, 그랜버그 주식회사

아쉬가바드의 고대 카라반 사라이

아쉬가바드 시. 키르피치 거리를 따라 서 있는 "카라반 사라이"

자카스피 주/아쉬가바드의 카라반 사라이

121.

게옥 데페 거리를 따라 서 있는 카라반 사라이

아쉬가바드시 자카스피 주

실크로드경로

견, 생각, 정신적 가치 등을 교환하였고 종교적 계시가 전파되었습니다.

그 결과 실크로드는 대륙들을 연합시키는 강력한 힘으로 변화했습니다.

투르크메니스탄은 이 국제적 무역로이자 문화로의 중심이며 역사적 무대에서 진보적인 동력의 역할을 하는 데 있어서 주요한 위치를 차지하고 있

습니다.

오늘날 실크로드의 역사는 우리 모두가 자민족의 문화적 원천을 보고 다른 문화를 이해한다는 점에서 매우 흥미롭습니다.

이것은 다른 나라에 대해 부정적인 태도를 갖는 것을 허용하지 않습니다.

왜냐하면 실크로드를 만들고 지원한

휴식중

역사적 과정의 본질이 문화적 소통과 교류에 있기 때문입니다.

수천 년간 쌓인 실크로드의 경험은 우리에게 중요한 것-문화의 대화, 대화의 문화를 가르쳐 주고 있습니다.

우리의 선조들은 이것을 온전히 소유하고 있었습니다.

그것은 지혜의 근본이 됩니다. 잊지 말아야 할 것입니다.

우리는 시대의 동조를 회복하고, 우리의 과거를 더 잘 알고 보존하며, 모든 민족 간 선린 관계의 토대를 강화하는 노력을 해야 합니다.

서론

아버지보다 중요한 손님

실크로드가 지나가는 나라들의 발전은 확연하게 구별된다.

이것을 촉진시키는 것은 바로 국제 무역로이다.

몇 세기 전 카라반이 지나가는 길목에 위치했던 투르크메니스탄에서 발견된 여러 가지 역사적·문화적 건축 유적들은 경제 발달과 유일무이하게 민족 간 교통망에 영향을 미친 상태에서 발생한 문화 발원지임을 나타내는 명백한 증거이다.

이러한 놀라운 고대 문명의 흔적들이 우리에게는 무척 많다.

문화 유적에는 실크로드에 대한, 모두를 자신들의 위대함과 비교할 수 없는 아름다움으로 정복했던 큰 도시들과 희귀한 고대 건축물들에 대한 흥미로운 설화가 전해지고 있다.

또한 이것에 대한 분명한 과학적 정보로 우리의 영예로운 역사를 밝히는 대단히 귀중한 기록 문헌을 갖고 있다.

옛 투르크멘인들은 카스피해를 하자르(Hazar)라고 불렀고, 아무다리아강은 자이훈(Jeyhun)으로 알려졌다.

투르크멘 땅은 우리 조상의 사랑에 동화되어 축복을 받은 땅으로 서쪽에서 동쪽으로는 하자르에서 자이훈까지 그리고 남쪽에서 북쪽으로는 코펜다그 산맥부터 거대한 우스튜르트 고원까지 뻗어있었다.

그들의 땀과 피는 개척한 오아시스에, 번성한 초원 위에, 그들의 정신 속에, 애국심에 흘렀고, 그들의 유전자에 지금까지 살아있다.

투르크멘의 개개인들은 오래전 떠나간 선조들에 대한 기억을 가지고 있다.

심지어 그것이 닿지 않는 깊은 의식 속에 있다면 우리는 역시 자기 민족의 과거 삶에 관해 많은 것을 특히 가장 중요한 것을 알고 있을 것이다.

왜냐하면 표면적 기억도 있기 때문이다. 다시 말하면 노인들로부터 젊은 이들에게, 입에서 입으로 재능 있는 음악가-바흐시(중앙아시아 민족의 가수, 음악가, 이야기꾼 혹은 시인)들이 전했던 설화와 전설, 데스탄(서사시)에서 보전된 것은 가치 있는 삶으로 확장되었다.

대중적인 시각과 달리 투르크멘인들에게는 문헌으로 남겨진 기록도 있고, 금보다 더 비싼 가치가 있는 필사본도 있었다.

이렇게 과거와 현재를 연결하는 유일한 세계적인 예술이 후손들에게 전해졌다.

투르크메니스탄 땅의 모든 역사 기간 동안 책들은 높이 평가되었다.

그렇지만 시간은 대다수에게 자비를 베풀지 않았다.

지나간 세기에 살았던 문인들과 사학자들의 희미하지만 세련된 글들을 판독하면서 학자들은 새롭고 신기한 발견들을 계속하고 있다.

투르크메니스탄인들이 경외감을 가지고 지혜의 책을 대한다는 사실은 격언을 통해 알 수 있다.

저명한 사상가 마흐툼쿨리 프라기(Magtymguly Pyragy)는 다음과 같이 말했다.

"책을 읽는 사람들은 삶의 의미를 알게 된다."

책 읽는 사람들의 심장은 사랑으로 가득 채워지고 정신은 자비로운 감정으로 가득 차 있다.

정신의 정결함, 지혜, 언어의 풍부함, 섬세한 감정은 무한한 풍성함으로 바뀐다.

책을 읽지 않는 사람은 정신적 빈곤으로 고통을 겪는다.

그래서 우리의 현명한 선조들은 다양한 전설들, 이야기들, 설화들, 동화들을 이야기해주면서 젊은 세대를 양육했다.

나는 소년 시절에 들었던 책읽기의 이로운 점에 관한 교훈을 주는 이야기를 지금까지 기억한다.

"어떤 사람에게 한 가지 일도 얻어지는 것이 없었다. 그는 밤낮없이 열심히 일을 했지만 마치 아무 노력도 하지 않은 것처럼 전혀 진척이 없었다.

마침내, 견디지 못하게 된 그는 낙담하고는 당시 저명한 현자 무함메드 알-아비베르드(Muhammed al-Abuverd)를 찾아가 도움을 청했다.

현자는 그에게 마지막으로 자선을 베푼 때가 언제였는지를 물어보았다. 현자의 질문에 그는 고개를 숙이며 이렇게 대답했다.

"저는 겨우 혼자 살아가는 몸입니다. 저에게는 베풀 것이 아무것도 없습니다. 저는 아파도 의원에게 치료해달라고 할 수도 없습니다. 그런 제가 어떻게 다른

사람을 도울 수 있겠습니까?"

그의 이야기를 들은 현자가 말했다.

"좋네. 그럼, 언제 마지막으로 선행을 했는지 말해 보게나."

"제 생활이 어렵다 보니 그것에 대해 생각해 본 적이 한 번도 없습니다."라고 남자가 대답했다.

"알겠네. 그럼 마지막으로 책을 읽은 때는 언제인가?"

라고 현자가 물었다. 그러자 남자가 대답했다.

"제가 마지막으로 책을 읽은 때는 일 년 반전이었습니다."

갑자기 현자가 소리치며 말했다.

"어떻게 그럴 수가 있는가? 정말로 그런 것이 가능하단 말인가?

만일 사람이 3일 동안 책을 읽지 않는다면, 그 사람의 심장은 타락하고 말 것이네. 그리고 그 사람은 삶의 기쁨을 누리는 것을 멈추게 될 것이야. 선조들께서는 우리에게 만약 어떤 일이 잘 진행되지 않으면, 다음의 세 가지를 해야 한다고 하셨네.

첫 번째, 기부할 것. 두 번째, 사람들에게 선행을 베풀 것, 그리고 마지막으로는 책을 읽는 것이지.

그러면 우리의 모든 일들이 정상적으로 이루어질 것일세."

이 이야기에서 살펴 본 것 같이 책을 읽음으로써 우리는 선한 일과 삶에서 필요한 지식을 얻을 수 있다.

즉, 우리는 좋은 책들과 작품에 무릎을 꿇어야 한다.

태고로부터 음유 시인이자 악사인 바

긴 여정 준비

흐시들은 투르크멘 사람들에게 설화, 전설, 민담, 서사시 등을 전하는 파수꾼, 해설자, 전파자들이었다.

가장 유명한 쌍현악기인 두타르(Dutar:중앙아시아의 이현금)를 연주하면서, 바흐시들은 청중들을 선도하는 교훈적인 텍스트들을 가사로 전했다.

한편으로는 바흐시들이 스스로 새로운 시와 이야기를 지어내기도 했다.

가을 수확과 파종, 서늘한 가을바람과 낙엽은 결혼 시즌이 다가오고 있다는 신호이며 투르크멘 마을의 저녁을 이야기하는 신호였다.

이것은 마치 천상의 사람들이 길고 험난한 일을 마친 후 그 열매를 즐긴 것처럼 비유되었다.

그리하여 이 수확을 위한 축제를 '대축제'라고 명명했다.

다이하닌(소작농)들은 바흐시 혹은 마을의 이야기꾼의 이야기를 들으려고 모인 사람들이 먹고 즐길 수 있는 것들을 베풀었다.

유랑하는 이야기꾼 혹은 바흐시들은 가끔 자신들이 들려주는 이야기에 사람들이 모여 들어 귀를 기울이도록 했다.

서사시라든가 민담 등이 즉흥적으로 만들어져 공연으로 이어지기도 했다. 공연에는 모인 군중들 중에서 예술적 감각을 가진 사람들이 동참했다.

결혼식이나 마을 잔치에서 바흐시는 이현금 악기인 두타르 혹은 깃작(중앙아시아 지역의 스파이크 피들(spike fiddle). 활로 현을 그어 연주하는 찰현악기) 반주에 맞춰 여러 가지 노래를 불

카라반 사라이에서 휴식

렀으며, 바흐시들 사이에 경쟁을 하기도 했고 수수께끼를 내기도 했다.

바흐시들은 가끔 자신의 이야기를 듣고 있는 사람들에게 쉼을 주기 위해서 이야기의 한 부분을 생략하는 대신에 짧은 일화를 전하기도 했다.

거대한 강의 흐름과 같이 사람들은 다양한 과학과 교육의 중심지로 변모한 우리 도시로 모여들었고 저명한 학자들, 사상가들, 수도사들에게 지식을 전수 받았다.

이것을 위해 그들은 많은 나라들을 지나고 멀고 험난한 여정을 보냈다.

이들에 대한 전설들이 유적으로 고스란히 보전되었다. 다음은 그중에 한 이야기이다.

여행자들은 쿠냐우르겐치에서 아물로 가는 카라반들이었는데 그들은 위대한 헤즈메딘 쿠브르(Nejmeddin Kubra)에게 경의를 표하는 동시에 현자의 축복과 계시를 받기 원했다.

여행자들은 현자에게 다음과 같이 청했다.

"오, 성스러운 피르(이슬람 수니파 수피들의 수도장에서 스승 역할을 하는 도사)! 저희는 여행자들입니다. 우리는 행로를 따라 교역을 하고 있고 사람들과 듣고 본 것들을 나누고 있습니다.

우리에게 말씀해 주시겠습니까? 길 위에 있는 사람들이 반드시 배워야 할 것은 무엇입니까? 우리에게 삶의 교훈을 주십시오."

거룩한 현자가 그들의 이야기를 듣고 다음과 같이 이야기했다.

"인생을 가치 있게 산다는 것이 결코 쉬운 일은 아닙니다. 그러나 만약 여러분들이 여섯 가지 방법을 사용한다면 여러분이 땅에 던진 각각의 낟알이 천 가지로 자랄 것입니다.

잊지 마십시오. 사람들이 여러 가지 일들에 급급해할 지라도 여러분들은 그것을 잘 이행해야 할 것입니다. 사람들이 기도와 봉사로 바쁠 때 여러분들은 가장 먼저 여러분의 중요한 의무와 약속을 이행하십시오.

사람들이 자신의 외모를 치장하는데 분주할 때 여러분은 자신의 내면을 견고히 하십시오.

사람들이 타인의 결핍을 비난하는데 시간을 허비할 때 여러분은 자신을 돌아보십시오.

사람들이 자신의 부를 이루려고 할 때 여러분들은 다른 사람들을 도우십시오.

사람들이 누군가를 회유할 때 여러분은 선을 행함으로 신의 축복을 받도록 노력하십시오."

여행자들은 전세계에 퍼져 나가 그들의 신념이 되었던 위대한 현자의 교훈들을 전파했다.

이야기꾼들은 사람들에게 신비로운 이집트, 머나 먼 중국, 더운 나라인 힌두스탄, 세일론 산들(Ceylon Mountains) 등에 대해서 이야기를 들려주려고 했지만 그들의 상상력 속에는 카라쿰(Karakum), 격렬한 물살을 가르는 아무라디야 강, 산봉우리, 구불구불한 협곡과 동굴, 그리고 코펜다그 산마루, 쿨텐 다그 산맥의 멋진 산등성이가 등장하고 있었다.

오래된 카라반 길을 따라 가다 보면 투르크메니스탄과 주변 국가의 다양한 풍경, 카라반이 머물렀던 사라이(오아시스)의 흔적 등을 찾아 볼 수 있는데 오래 전에 사라진 도시의 성곽 유적지는 사람들에게 많은 영감을 준다.

그리고 당시 있었던 사건들은 민족적 환상에 풍부한 양식을 준다.

이 역사적 유적들에는 어떠한 믿을 만한 증거를 보전하고 있지 않았더라도 다른 이름과 다른 의미를 부여한 전설로 가득 차 있었다.

그곳은 자신의 기억이 되어 그곳에 새로운 정착하게 된 사람들에게 전해졌다.

투르크멘 사람들의 경제 형태의 다양성, 투르크멘 사람들의 경제적 활동은 이 이야기들이나 다른 광경과 관련 있는 민담, 전설에 적지 않은 영감을 주었다. 축산업, 농업, 양잠업, 목화재배, 광범위한 무역 활동, 원정, 이방인의 침공 등에서 나타난다.

투르크메니스탄에서 영웅들은 높은 산과 구불구불한 협곡에서 사냥을 하고, 신비로운 강, 샘 그리고 섬에서 만나고, 산의 지배자인 데브(이란, 슬라브, 그루지야, 아르메니아, 터키 및 다른 기타 신화의 초자연적 존재), 뱀들, 그리고 드래곤 아쥐다르하가 살고 있는 주문에 걸린 동굴에 이른다.

장미와 신비로운 나무가 울창한 커다란 화원이 있는 옛이야기 속의 정원은 분명히 중세시대 동쪽 지역, 특히 투르크메니스탄 영토 내에 두루 세워진 술탄의 궁전들과 영주의 대저택 유적에 존재한다.

고대 오구즈(Oghuz) 부족은 우리의 신성한 땅에 깊은 애국심을 갖도록 했다. 어린이들은 조국을 사랑하는 것을 배웠다.

가장 좋은 교양은 조국에 대한 사랑이고, 가장 완벽한 감정은 삶보다 조국을 사랑하는 것이고, 가장 완전한 지혜는 조국을 자랑스러워하는 것이라고 훈화했다.

투르크멘 민족과 자연의 조화는 우리 선조들이 누빈 대초원과 사막에 피는 모든 꽃에 대한 우리 선조들의 사랑을 묘사하고 있는 '오구즈나마(Oguznama)'에서 볼 수 있다.

'오구즈나마'에는 협곡과 산등성이에 대한 오구즈 전사들의 사랑을 묘사한 '고르쿠트 아타(Gorkut ata)', 거대한 산과 멋진 동굴에 대한 우리 민족의 사랑을 묘사 한 서사시 '고로글리(Goro-gly)'를 볼 수 있다.

심지어 고로글리가 몸이 성치 않을 때 그를 일디즈 산의 무성한 초목과 동물에게 데려가도록 하고 거기서 그는 돌이 가진 놀라운 효험 덕분에 동굴에서 완쾌 되었다.

식물과 동물의 세계를 제외하고, 투르크메니스탄 구비문학에 등장하는 주요 대상물로는 데브(이란, 슬라브, 그루지야, 아르메니야, 투르크 및 다른 기타 신화의 초자연적 존재), 페리(날개가 있는 선녀 수호신), 이외에 여러 괴물들이 있다.

데브(Deva)와 수호신들은 산속이나 나무가 우거진 숲, 사람이 살지 않는 동

아물(Amul)에 도착한 카라반들

굴, 오아시스에 살고 있다. 이따금 높은 탑이나 성채에 살기도 한다.

데브는 아름다운 여인에 대해 욕망을 품고 있으며 사람을 잡아먹는 거인이다. 간혹 용감한 전사들이 데브에게 저항하기도 한다.

이 싸움에서 요정들-선한 영혼들이 전사들에게 도움을 주는데, 비둘기로 변신하여 전사를 구하기도 한다.

또한 전설과 옛이야기에서 새 '시무르그(Simurg)'를 만날 수 있다.

그는 세계의 모든 것을 알고 있으며 그가 가지고 있는 이 새의 작은 깃털을 불태우는 어떤 순간에 영웅을 구한다.

이야기 서사 구조에 이따금 영웅과 아쥐다르하(Ajdrha)라고 하는 용의 싸움 장면이 나타나기도 한다.

이 용은 어떤 도시로 물이 흐르지 못하도록 방해한다.

또한 영리해서 인간을 돕기도 하고 때로는 해를 입히기도 한다.

이외에 때로는 잘 생긴 왕자로, 때로는 아름다운 공주로 변신하는 늑대 인간들이 이야기에 등장하기도 한다.

마침내, 혼란스러움을 피해 은둔 생활을 하는 의롭고 지혜로운 노인들은 여러 가지 신비한 도구로 영웅을 돕는다.

옛 이야기 속의 전사들은 적에 대항하여 승리한 영웅담의 주인공들이다.

투르크메니스탄 구비문학에서 다루고 있는 주제는 주로 선과 악의 싸움이다.

이것은 수천년 전 조로아스터교가 투르크메니스탄과 주변국 영토를 지배했던 때부터 동양 철학과 신화론의 모티브였다.

고고학자들이 고대 마르기아니 왕국에서 발견한 조로아스터교는 세계에서 최초의 계시, 구원의 종교이다.

이 세계에서 최초로 만들어 진 종교 교리와 명령에 따르면 선은 악보다 낫고, 효용은 나태함보다 낫고, 도리는 변절보다 낫고, 용감성은 두려움보다 낫고, 도덕은 방탕보다 낫다.

사람을 어둠으로부터 빛으로 이동하게 한 바로 이 삶의 원칙들은 투르크메니스탄인들의 정신에 깃들여져 생활 문화를 바꿨다.

이 교리는 오늘날 투르크메니스탄 사회를 구성하는 데 있어서 민족적 민주주의 원칙으로 등장했다.

투르크메니스탄 구비 문학에는 산, 강, 원료의 기원에 관한 흥미로운 설화들이 있다.

많은 설화들에는 투르크멘의 탄생과 부족, 오래된 관습, 예술, 일상생활에 관한 관례 등의 기원이 들어 있다.

무엇보다도 역사적 전설, 더 정확히 말하자면, 투르크메니스탄 영토 내에 세워진 요새들의 역사와 관련된 이야기를 서술하고 있다.

내란, 시기, 요새 성주의 아내와 딸들을 강탈하는 내용들은 옛 이야기 속에서 흔하게 등장한다.

오래 전에 있었던 삶의 한 장면에 대한 시초를 설명하는 신화 또는 전설이 존재했다.

투르크메니스탄에는 기도의 영험과 신비한 힘을 가진 무속 신앙, 신성한 의식 등과 관련된 유산은 수백 가지가 넘는다.

이것들과 얽혀 내려오는 전설들이 있다.

이 전설들의 모티브는 자식에 대한 부모의 근심, 자식을 얻고 싶어 하는 부부의 안타까움, 그리고 아들을 싶어 하는 부모의 소망과 연관된다.

성인(聖人)의 대다수는 수피즘과 연결되어있다. 호자 유수프 하마단(Hodja Yusup Hamadani), 사라흐스 바바(Sarakhs Baba), 먀네 바바(Myane Baba), 네지메딘 쿠브라(Nedjmeddin Kubra) 마흐툼쿨리 프라기(Magtymguly Pyragy)와 같은 유명한 학자들에 대한 비범한 민간 설화가 존재하고 있고 교훈적인 역사와 지혜로운 충고들로 가득 찬 일대기가 쓰여져 있다.

모든 이런 민속 문화의 정신적 가치는 과거 유적지 주변에서 발생했다. 그것들은 실에 꿰인 진주알 같이 귀중한 목걸이를 구성한다.

목걸이는 우리 조국의 진정한 자랑이고, 그들과 이어진 실은 실크로드이다. 이것은 단순한 비유가 아니다.

이 책에 수록된 투르크메니스탄의 거의 모든 장소들이 교역로를 따라서 실제로 존재해 있었고 그 길을 통해 지난 수세기 동안 상인들, 물품들, 그리고 후손들에게 남겨 주기 위해 자신들이 직접 쓴 이야기와 지칠 줄 모르는 여행객들과 카라반들이 이동했다.

덕분에 우리는 그 오랜 시간의 역사 속에서 많은 것을 알게 되었다.

알려진 바와 같이, 실크로드는 고대와 중세에 걸쳐 중국과 아시아, 그리고 지중해를 연결하는 카라반들의 경로를 나타내는 명칭이다.

중세 시대 전에 베네치아 상인 마르코폴로는 이 길을 '실크'라고 불렀고 독일학자 페르디난드 폰 리흐트호펜(Ferdinand von Richthofen)이 다시 사용하기 시작해서 지금까지 불리워지고 있다.

그 이후로 이 용어는 일상 대화에서뿐만 아니라 전문적 서적에서 널리 사용되었다

많은 전문가들은 고대 문명을 연결하며 동맥 역할을 하는 이 독특한 도로를 그렇게 지칭하는 것은 옳지 않다고 생각한다.

이 길은 고대 문명들을 연결하는 주요 교통로로 역할을 했다.

이후 많은 문헌과 유물을 통해 실크가 비취와 청금석만큼 가치가 있었다는 것을 알 수 있다.

그러나 그 길은 하나만 있었던 것이 아니라 가로지르는 다른 육로와 해상로가 상당히 많이 존재했다.

그 길들을 따라 아시아와 유럽 간 교역이 이루어졌다.

하지만 실크로드라는 명칭은 사람들의 흥미를 끌었고 지금까지 어디에서나 일반적으로 사용되고 있다.

현재 한 때 대상들이 지나간 그 길목에 있었던 모든 나라에서 깊은 상징적 의미와 민족적 자긍심이 고취되면서 이 명칭은 21세기에 들어서서는 더욱 본격적으로 활용되고 있다.

이 길의 원류는 근동의 헬레니즘 문명의 중심에 있었다. 그러나 동쪽의 경계점이 된 것은 지금의 중국 서쪽 간수성 지역이었다.

이 길을 따라서 중국으로부터 서방으로 많은 물건들이 운반되었지만 주요 품목이 비단이다 보니 명칭이 그렇게 규정된 것이었다.

중국인들이 실크를 생산하는 기술을 비밀로 했다는 사실은 잘 알려져 있다.

그러다가 황제 유스티아누스 1세라고 불리우는 유스티아누스(Justinian) 대제 통치기(527-565년)에 중국은 실크 생산에 대한 독점권을 잃어버렸다.

어떤 술책에 넘어간 것인지, 비밀이 밝혀진 탓인지는 알 수 없다.

아카데미 회원인 마손(M.E. Masson)은 5세기경에 양잠 문화가 투르크멘 지역인 메르브에 있었다고 밝혔다.

이것에 대한 진기한 전설이 존재한다. 오래전부터 허톈 주에는 뽕나무들도, 누에나방의 유충들도 없었다고 기록하고 있다.

이웃 나라의 군주는 허톈의 주민들에게 누에나방을 주는 것을 엄격하게 금지했다.

그런데 허톈의 파디샤(아프가니스탄의 왕. 옛 터키, 페르시아왕의 칭호)가 누에나방을 기르는 지역 출신의 여자와 결혼을 하게 되었다.

알라바이(Alabay) - 믿음직한 파수꾼

파티샤는 그의 신부에게 자신의 나라에는 누에나방 유충이 없기 때문에 그것을 얻었으면 좋겠다는 말을 했다.

그 이야기를 들은 그의 아내는 얼마 지나지 않아 아버지의 집으로 초대를 받아 갔다가 돌아오면서 머리 장식 속에 누에나방 유충 하나를 숨겼다.

국경을 통과할 때 국경을 넘는 모든 사람들의 짐을 철저히 검사했다.

아내의 짐도 역시 검사를 받아야 했다. 그런데 경비병들은 그녀의 머리 장식을 벗기는 것은 무례한 행동이라고 여기고는 확인하지 않았다.

이렇게 누에나방 유충을 가져 온 젊은 아내 덕분에 허톈주도 양잠업을 할 수 있는 조건을 갖추게 되었고, 이후 비단 직조가 시작되었다.

수세기 전에 이루어진 대상 무역의 발전 과정에서 그것은 6마리, 8마리 심지어 12마리 낙타무리들이 동시에 이동할 수 있도록 체계적으로 도로망을 건설하였다.

많은 대상들은 3,000마리 이상의 동물들을 실어 날랐다.

그리고 값비싼 물건들을 보호하기 위해 대상들과 함께 하는 치안대도 생겨났다.

그 치안대 대부분을 용감한 투르크멘 기수들로 채우고 싶어 했는데 대규모 대상들을 지휘했던 대장격인 카라반바시(카라반들의 장, 지도자)들의 소망이었다. 투르크멘 기수들의 용맹성에 대한 명성이 멀리까지 퍼져 있었던 것으로 여겨진다.

다음은 고대 아랍 통치자들이 아이들을 교육 시킬 때 투르크멘인들의 용기, 대담, 강직함을 본받도록 가르쳤다고 전해지는 이야기이다.

한 통치자에게 오랫동안 아이가 없었다. 오랫동안 기도한 후 결과 아들이 태어났다.

통치자는 아들을 교육 시킬 훌륭한 스승을 찾는다고 알렸다. 신하들이 한 지혜로운 노인을 추천하였기에 그 노인을 궁으로 불러 들였다.

먼저 노인이 통치자에게 아들에게 바라는 품성이 무엇인지를 물어 보았다. 이에 통치자는 "나의 아들에게 아랍인들 환대, 페르시아인의 지혜, 그리고 투르크멘인의 용기를 가르쳐 주게."라고 답했다.

먼 거리를 다니면서 대상들을 호위하는 역할을 충실히 이행하기 위해서는 필요한 동물이 있었다.

바로 준마인 아할테케(Akhalteke)와 투르크메니스탄 알라바이(Alabay;

중앙아시아산 셰퍼드의 일종)였다.

투르크멘 선조들은 머나먼 길을 갈 때 잘 참고 경비를 잘 서고 싸움도 잘하는 알라바이를 키웠다.

아주 오랜 전부터 우리 민족들에게 전해진 속담 '개는 짖고 카라반은 간다'의 의미에 대해 생각해 본 적이 있는가? 이 속담은 오래 전 도시에서 도시로 이동했던 카라반들의 경호를 위해 데리고 다녔던 개-알리바이와 관계가 있다.

알려진 바와 같이 알라바이들은 양을 지키는 목양견, 주위를 살피는 경비견, 그리고 사냥을 하는 사냥견으로 나뉜다.

처음 교육 시킬 때부터 알라바이를 유목 생활에 능숙하도록 가르쳤다.

그 결과, 먼 거리를 다니는 카라반들과 함께 생활하는 데 적합한 개들이 되었다.

알라바이는 카라반의 가는 길을 안내하기도 하고 카라반들이 잠깐 휴식을 취할 때는 맹수로부터 카라반들을 보호해 줄 뿐만 아니라 적으로부터 자신의 주인을 지켰다.

카라반들이 한 마을을 지나갈 때면 그 마을의 개들이 크게 짖는데 이것은 마을 사람들에게 그들의 마을을 따라 카라반이 가고 있다는 것을 알리는 것이었다.

이와 동시에, 카라반과 동행하는 아라바이들 또한 마을의 개들을 향해 짖는다. 카라반이 마을에서 멀어지면 개들의 짖는 소리도 점점 멎었다.

다음과 같은 격언이 있다.

'누군가 무엇을 말하지 않으면, 거기에 관심을 갖지 말라.'

카라반의 무역에 대해서는 현대 역사가의 저서에 상세하게 기록되어 있다.

먼 길을 떠나는 카라반들(아르기쉬)은 오랫동안 그리고 치밀하게 준비한다. 모든 주변에 미리 결정된 여정을 알리고, 여행자 그룹을 모으고, 필요한 식량과 물을 준비한다.

그 다음에는 숙련된 안내자 - 카라반바시를 택하고 여행을 떠나기 좋은 날을 정한다.

수십 마리 낙타 무리들을 모는 작은 카라반에서부터 수백에서 수천 마리의 낙타 무리들을 모는 대규모 카라반들이 있었다.

카라반들은 무장한 기병들의 보호를 받으며 히바(Khiva), 부하라(Bukhara), 헤라트(Herat), 마슈하드(Meshed), 이스파한(Isfahan), 타브리즈(Tabriz), 아스트라바드(Astrabad) 등 여러 장소로 떠났다.

투르크멘인들은 이 도시들 간의 무역

경호받는 카라반

과 짐 운송에 참여했다.

먼 길을 가는 카라반에 합류하여 가는 것은 교육적인 의미를 가졌고 경험을 축적하기 위한 독창적인 학교로서 사용됐다.

그리하여 카라반들은 여정에 능숙한 이야기꾼, 현자들, 경험 있는 여행자들을 대동하려고 했다.

이들은 카라반들이 휴식을 취할 때 재미있는 이야기를 들려줌으로써 좋은 휴식을 제공했다.

젊은 상인들은 거래에 있어서 정직해야 한다는 것과 인성과 인류애를 발전시키는 법을 배웠다.

동시에 카라반과 동행했던 젊은이들은 과학적인 세상을 경험할 수 있었고 자신의 정신세계를 풍족하게 할 수 있었고 현자와의 대화를 통해 조언을 받을 수 있었다.

이렇게 그들은 스스로 고귀한 성품을 길렀다.

어린 시절에 들었던 이야기 하나가 떠오른다. 재능있는 학자 아부 무하메드 알-바가비(Abu Muhamammed al-Bagavi)에게 한 상인이 찾아 왔다.

그 상인은 먼 길을 카라반들과 다녔고, 좋은 물건들을 가져가 팔았고 이로써 사람들을 기쁘게 했다.

상인이 학자에게 물었다.

"오, 훌륭한 현자여! 사람들이 말하길, 정직한 거래는 번영의 근원 중 하나라고 하더군요."

"저는 항상 정직하게 거래를 하고 있습니다. 동시에 저는 저만의 영광을 누

친구들을 만남

중국으로부터 도착한 카라반

는 하다. 정직한 거래는 성공의 근원 중 하나이다. 하지만 성공을 해석하는 데는 한 가지가 더 있다.

그대가 이야기한 것을 내가 이해한 바로는 그대는 지나치게 상업에만 몰두했다는 것이다. 그대는 성공의 주요한 원칙 중의 한 가지를 잊어버렸기 때문이다."

현자의 대답에 만족하지 못한 상인이 이야기 했다.

"제 생각에 성공의 열쇠는 정직한 노동입니다. 그리고 저는 될 수 있는 대로 그 조건대로 이행했습니다.

만약 어떤 불법 행위가 있었다면 저는 결코 옳지 않은 길로 가지 않았을 것입니다."

현자가 상인에게 다음과 같이 이야기했다.

"그대의 말이 옳다. 대부분의 실수는 무지에서 일어난다. 그렇다고 이것이 그대의 잘못된 행동을 면하게 하지는 못한다.

그대는 정직하게 그것을 수행했지만 동시에 그대의 친척들을 잊었다.

그대는 그들과 교류하지 않았다. 친척들과의 친밀한 교류는 모든 성공의 근원이다. 만약 먼 길에서 돌아왔을 때, 그대가 친척들을 방문하고 그들을 돕는다

리려고 하지도 않고 다른 사람의 것도 빼앗으려고 하지 않습니다. 밤낮으로 일하면서 여러 가지 물건들을 가져와 팔고 돈을 모았지만 큰 이익을 얻지는 못했습니다. 길을 떠나 이익을 얻었지만 저는 그 돈이 어디로 갔는지 알 수 없습니다. 부자가 된 것 같은데 실제로는 그렇지 않습니다. 그 이유가 무엇인지 말씀해 주십시오."

현자가 대답했다. "그대의 말이 옳기

면, 그러면 그대의 부는 날마다 축적될 것이다."

여러 번 행군 기간이 몇 달간 장기화되었다. 그리고 카라반은 자주 초원과 사막을 횡단했다. 이것은 사람들에게 주어진 자연 환경을 극복하고 순응하고 감사하는 마음을 갖도록 했다.

우리 선조들은 항상 그렇게 자연에 대해 훈화했다. 이것에 대한 우리 선조들의 이야기가 있다.

어느 날 네지메지나 쿠브라(Nejmeddin Kubra)의 제자들 중의 한명이 스승의 명을 받아 아 카라반에 합류하여 먼 길을 떠났다. 그들이 어느 정도를 지났을 때, 밤이 되었다.

인근에 마을을 찾을 수 없어서 대상들은 그 자리에 짐을 풀고 휴식을 취하기로 했다. 곧 차가운 밤공기로 기온이 내려가면서 여행자들에게 어려움이 생겼다. 일단 땔나무를 찾기 어려웠다.

마침내, 간신히 장작을 모아 모닥불을 피웠다. 그리고 가능한 만큼 먹을 것을 조리해서 먹었다.

그러자 사람들은 조금씩 불평하기 시작했다.

"운 좋게 여로의 끝까지 도달했는데, 추위가 우리를 방해하는구나. 만약 우리가 새벽에 길을 떠난다면, 그럼 이곳 사막에서 밤을 지내지 않을 수 있다."

그러나 제자는 다른 사람들처럼 불평하지 않고 신에게 기도하고 감사를 드렸다. 여행자들이 그에게 물었다.

"우리가 감사해야 할 것이 무엇이 있는가? 밤은 어둡다. 그리고 겨울 같이 춥다. 주변에는 배고픈 늑대들이 울부짖고 있는데 이런 곳에서 도대체 무엇을 감사해야 하는가?"

제자가 대답했다.

"신이 우리에게 이것을 보여주시는 것은 이 시련을 통해 우리를 단련하기 위함이다.

신의 뜻이 없다면 식물의 가지마저도 움직이지 못한다. 우리가 처해 있는 이 상황은 지금 우리게 주어진 가장 최상의 조건이다.

누군가가 이것에 대해 신에게 감사해 한다면, 더 좋은 것이 기다릴 것이다. 신의 은총은 우리가 그것을 기다릴 때가 아닌 우리가 그것이 필요로 할 때 올 것이다."

실크로드의 경로를 따라 카라반들의 교역은 큰 수익을 얻기도 했지만 한편 예기치 못한 위험도 도사리고 있었다.

그래서 대상들은 혼자가 아니라 수백, 수천 명의 무장한 집단과 그리고 다른 대상들과 큰 무리를 지어 다니려고 했다.

그럼에도 불구하고 대상들은 통치자의 폭정이나 강도의 습격으로부터 자신들을 지키기가 어려웠다.

상인들은 목숨을 잃고 싶지 않아서 실크로드의 끝에서 끝까지 오가는 일은 드물었다.

대상들은 중간에 들르게 되는 도시에서 자신들이 가지고 있는 물건을 다른 것으로 바꾸기도 했다.

잘 정비된 길과 카라반로의 경비는 대내외 상업 발전에 자극을 주었다.

강도들에 대해서도 엄한 벌로 다스렸다. 자카리이아 알-카즈비니(Zakariya al-Khazvini)가 한 일화를 들려주었다.

한 상인이 이야기했다.

구르간지(Gurganj)에서 거대한 무역 카라반 일행이 출발했다.

우리가 구르간지에서 떠난 지 얼마 지나지 않았을 때, 카라반보다 숫자가 많았던 맘루크(투르크, 시르케시, 비잔틴, 쿠르드, 슬라브 등 출신의 백인 노예를 의미)에 대한 통제가 어려워졌다.

맘루크들이 서로 결탁하고 우리에게 활을 쏘기 시작했다.

"너희들이 원하는 것이 무엇이냐?" 우리가 묻자 그들이 다음과 같이 답했다.

"우리는 당신들을 죽이고 이 물건들을 탈취할 것이다.

판 돈을 가지고 군마와 병기를 사서 술탄 알라 아드-딘 무하메드(Alaad-Din Muhammed)에서 복속될 것이다."

그때 한 상인이 그들에게 말했다. "너희들은 이 붉은 옥양목 천을 제대로 팔지 못할 것이다.

그러므로 우리에게 맡겨 주면 우리는 너희들을 위해 군마와 병기를 살 것이다. 그런 다음에 너희들 중에 한 명이 대장이 되어 술탄을 찾아가 그의 군인이 되면 될 것이다."

상인의 재치에 넘어간 노예들이 대상 중의 한 명을 구르간지에 보냈다.

그는 도시의 하킴(오늘날 투르크메니스탄 주의 주지사를 지칭)에게 일어난 일을 상세히 알렸다.

이후 하킴이 맘루크들을 모두 잡아갔다. 대상들은 구르간지로 돌아갔고 맘루크들을 처형을 당했다.

내가 젊었을 적 읽었던 오사마 이븐 문쿠지(Usama ibn Munkuzi)의 책 『엘-이그티바르(El-Ygtybar)』에도 카라반을 도적으로부터 구한 사건에 대한 이야기가 있다.

이 책에는 투르크멘의 젊은 여인의

사막에서의 카라반

용기와 재치를 이야기 하고 있는 민담이 실려 있다. 그 내용은 다음과 같다.

옛날에 인적이 드문 길에 강도떼가 자주 출몰했는데 그들로 인해 카라반들은 자주 괴롭힘을 당했다.

또한 강도들은 가끔 마을의 주민들도 습격했다. 그래서 근처 마을의 족장들은 마을의 주민들과 손님으로 찾아오는 카라반들을 보호할 방법을 찾았다.

어느 날 아름다운 아할테케 준마를 탄 투르크멘인 기마병이 그 마을들 중 하나를 방문했다.

그의 옆에는 물건을 실은 주머니를 달고 있는 강건한 낙타가 있었다.

가득 실은 짐 위에는 젊고 아름다운 여인이 앉아있었다.

대상들이 마을에 도착하자 족장은 가축들에게 충분한 먹이와 물을 주고 대상들을 극진히 대접하였다.

그리고 대상들이 길을 떠날 채비를 할 때 도와주도록 지시했다.

대상들은 잠깐 휴식을 취한 후 곧 길을 떠나려고 했다. 곧 밤이 되는 데도 대상들은 다시 길을 떠나기로 결정했다.

대상들은 바그다드의 바자르에 투르크메니스탄 실크 중 무늬가 놓여 진 직물들을 팔아 큰돈을 벌었기 때문이다. 주머니에 가득 찬 금 디나르를 가지고 하루 속히 고향으로 돌아가고 싶었다.

족장은 대상들에게 집까지는 두 가지 길이 있다고 했다.

그러자 투르크멘 기마병은 가장 가까운 길을 보여줄 것을 부탁했다. 하지만 족장은 다음과 같이 대답했다.

"존경하는 손님들이여! 당신의 집까지 가는데 가까운 길이 있습니다. 하지만 거기에는 60명의 강도 무리들이 있어 여러분을 괴롭힐 것입니다. 그러니 좀 더 시간이 걸리더라도 돌아서 다른 길로 갑시다."

그러나 대상들은 무사하기만을 기대하면서 가까운 길을 선택했다.

일행이 사막 한 가운데를 지날 때, 족장이 말한 그 강도떼를 만나게 되었다.

투르크멘 기마병은 강도떼를 발견하자마자, 자신의 활을 감아쥐고 그들을 관통하기를 원했다.

하지만 활시위가 망가져 버려 진퇴양난에 빠지고 말았다.

강도들은 기마병을 에워 싼 후 금과 말, 그리고 낙타를 빼앗고, 여인마저 포로로 잡혔다. 기마병 혼자서 60명의 강도들에 대항하는 것은 무리였다.

포로가 된 투르크멘 여인이 강도들에게 다음과 같이 말했다.

"신의 이름으로, 당신들이 나를 거들

지 않기를 바랍니다. 대신 나와 약대를 500 디나르의 값어치를 할 수 있는 다이아몬드와 교환하는 것이 어떻겠습니까? 다이아몬드는 저 젊은이의 다리에 숨겨져 있습니다. 제발 우리를 갈라놓지 않길 간청합니다."

강도들은 여인의 청을 받아 들였다. 이윽고 여인이 강도들에게 말했다.

"저에게 저 젊은이와 이야기 할 수 있게 해 주시면 그에게 제가 여러분에 한 제안을 설명하도록 하겠습니다. 당신들 중 몇 명이 제 이야기를 들으셔도 좋습니다."

강도의 우두머리는 여인이 젊은이와 이야기하는 것을 허락하고 몇 명의 부하들에게 여인을 데려가도록 명령했다.

여인이 젊은이에게 말했다.

"저와 낙타를 그대가 숨겨둔 그 값

전방에 긴 여정이 기다리고 있다

충실한 친구들

비싼 다이아몬드와 바꾸기로 했습니다. 그러니 저에게 그것들을 주십시오. 손을 내밀어 주시겠습니까?"

순간 그녀는 재빠르게 젊은이에게 새로운 활시위를 주고 돌아갔다.

투르크멘 기마병인 젊은이는 곧 활을 당겨 강도들에게 쏘기 시작했다.

순식간에 그는 43명의 강도를 명중시켰고, 17명은 포로로 잡아 일행이 묵었던 마을의 족장에게 넘겼다. 그 후 투르크멘 기마병은 다시 낙타에 주머니들을 싣고, 그 위에 여인을 앉히고 길을 떠났다.

이 이후 마을 사람들은 그곳을 지나는 모든 카라반 여행자들에게 투르크멘 여인의 영민함과 젊은 기마병의 용맹함에 대해 이야기했다.

위대한 달변가이자 사상가 그리고 성현으로 칭송을 받는 아부 세이테 먀네 바바(Abu Seyit Mane Baba)에 대한 이야기는 우리에게 큰 교훈을 준다.;

당시 카라반 여행자들을 강탈하는 것은 큰 범죄로 간주되었다.

먀네 바바에 대해 전해지는 이야기들 중에 이것과 관련된 이야기가 하나 있다.

먀네 바바가 제자들과 함께 니샤푸르(Nishapur)에서 먀네로 돌아가는 길이었다.

이때 어떤 젊은이들이 무리를 지어 그들의 길을 가로 막았다. 먀네 바바가 무리에게 물었다.

"원하는 것을 말해 보아라."

도적이 대답했다.

"말에서 내려라. 우리에게 말이 필요하다."

먀네 바바가 말에서 내리려고 할 때 카라반의 일행에서 뒤쳐졌던 몇 명의 제자가 나타났다.

그들을 발견한 도적들이 도망을 가자 먀네 바바가 제자들에게 명령했다.

"뒤쫓아가서 그들에게 말을 주고 오너라."

그때 제자들은 스승에게 말했다.

"스승이시여! 우리가 그들보다 수가 더 많기 때문에 어떤 것도 빼앗길 필요도 없습니다. 우리가 저들보다 훨씬 우세합니다."

현자가 대답하여 이르기를,

"옳지 않다. 이 말은 이미 그들에게 속한 것이라고 말했거늘."

제자들은 스승의 뜻을 받들었다.

도적들은 현자가 준 말과 함께 떠났다.

얼마 후 먀네 바바가 근처 마을에 묵게 되었다.

그 마을 사람들은 그의 축복을 받기 위해 모여 들었다.

이때 마을의 족장이 와서 성현에게 마을의 젊은이들이 돌이킬 수 없는 실수를 범했다면서 현자의 말을 강탈한 행위에 대해 용서를 구했다.

족장은 성현의 말을 되돌려주고 준마인 아할테케를 선물로 바쳤다. 먀네 바바는 그들의 잘못을 용서하고 다음과 같이 말했다.

"우리가 그들에게 말을 준 것이고 우리는 이미 우리와 관계가 끊어진 것을 다시 가져오지 않는다."

그 이후 잘못을 저지른 젊은이들과 마을 주민들은 성지를 순례하며 신에게 용서의 기도를 했고 성현에게도 용서를 빌었다.

이와 같이 이런 일화들은 젊은이들을 교육시키는데 교훈이 되었고 투르크메니스탄의 인도주의를 완성시켰다.

이 모든 것이 실크로드의 통행로를 만든 모든 카라반들에게 깊은 존경을 받았고 명예를 얻었다는 것을 증명하고 있다.

그리하여 투르크메니스탄 정부와 카라반 참여자들은 무역로의 새로운 구축과 기능에 실질적 관심을 가지고 있다.

국가와 유목민 모두가 무역 보존에

여로는 친선의 길

관심이 많았다.

당시 이 지역 통치자들은 카라반들로부터 징수된 교역세로 수입을 얻었다.

이러한 이익을 잃지 않기 위해서 아시아 여러 나라의 통치자들은 상인들을 보호하는 엄격한 법규를 제정했다.

무역은 주로 교환이었고, 돈은 계산의 단위로만 쓰였다.

상인들은 자신들이 갖고 있는 물건에 대해 특정한 금액으로 가격을 정하고 그것과 동등한 값어치의 물건으로 바꾸기도 했다. 카라반들은 수십 마리에서 혹은 수천 마리까지 운반용 가축들을 이용했다.

이 가축들은 주인의 시종이자 안내자의 역할을 했다. 특히 겨울에 카라반들과 그들의 가축들을 수용하고 대접할 음식과 물을 충분히 제공하는 것은 매우 어려운 일이었다.

그래서 상업이 성행했던 도시들과 카라반 사라이(카라반들이 묶었던 숙소를 지칭) 주위에는 발달된 농업 시스템이 있는 넓은 오아시스들이 있었다.

물건의 운송, 즉, 운송 조직을 맡는 전문 상인들 혹은 심지어 회사들도 존재했다. 무역의 발전에서 주요한 역할을 한 것은 유목 축산업자들이었다.

그들은 카라반들과 원하는 가축들을 가지고 있었고 식용 또는 운송수단으로의 가축들을 길렀다.

모든 왕조들은 카라반 무역과 밀접한 관계를 맺으면서 커졌다.

카라반 무역은 이들이 없이 발전할 수 없었다.

그들은 바로 길에서 우연히 마주치는 사람들, 순례자들, 회교 수도사들, 여행자들, 학자들, 다양한 설교자들, 이야기꾼들 등이었다. 그 중에는 첩자들도 있었다.

카라반들은 통역사들(톨마체이)을 곁에 두었다. 카라반의 무역에는 다양한 서비스를 요구했다.

그래서 이들이 지나는 모든 도시와 마을에는 카라반 사라이가 세워졌다.

그곳에는 상인과 정비공을 위한 히즈라, 말과 약대, 노새, 당나귀들을 위한 쉼터, 필요한 사료와 식료품 등을 갖추고 있었다.

우리나라는 카라반 세라이 건설과 손님맞이에 대한 풍부한 경험이 축적되어 있다.

여행객들의 수가 적을 때는 그들을 촌장의 집이나 귀족들의 하얀 유르트에 기거하게 했다.

도시에는 커다란 카라반 사라이가 세워졌다. 그 안에는 공동 정원, 공원, 광장 등의 시설이 있었다. 아물(Amul), 메르브(Merv), 사라흐스(Sarakhs) 아비베르드(Abuverd), 바가바트(Bagabad), 니사(Nisa), 데히스탄(Dehistan)에는 그러한 카라반 사라이의 흔적들을 찾아볼 수 있다.

예를 들어, 고고학자들이 중세시대 도시 데히스탄에서 세 개의 카라반 사라이의 유적을 발견했는데, 그곳에서 여행객을 위한 휴식, 건강 회복을 위한 모든 것이 제공되었다는 것을 알 수 있었다.

이와 유사한 희귀한 건축물의 유적들은 오늘날까지 이르고 있다.

유명한 카라반 사라이의 흔적이 고대 도시 메르브(Merv), 다쉬갈라(Dashgala)에 위치한 쿠냐우르겐치(Konaeugench)의 유적지, 역사-문화 결정체

먀네바바(Mane Baba)의 지혜

고대 도시

라고 할 수 있는 구르틀리데페(Gurtlydepe)에서 발견되었다.

이 땅에서 만날 수 있는 카라반 사라이로 오래된 형태는 다야하틴이다.

그것은 오늘날 레밥 주의 가바클라 에트라프 비라트이라는 지역에 존재했는데 11세기 경, 아물에서 호레즘의 수도인 쿠냐우르겐치까지 아무다리아 해안을 따라 이동한 카라반의 길이다.

이 유적은 대체로 온전히 보전되어 초기 중세의 모습을 가늠할 수 있는 유일한 건축물이다.

건축 기술에 있어서 우리나라의 구석구석에 세워져 있는 중세 시대 카라반 사라이의 수준은 매우 높다.

이 카라반 사라이들은 평범한 건축물이 아니었고, 그것들은 복합적이고 아름다운 건축 예술로 이루어진 온전한 복합체로 모습을 드러냈다.

보통 주요 건물은 정방형으로 세워졌고, 사방에서 손님(히자르)을 위한 크고 작은 방들이 위치해 있다.

각 방 앞에는 높고 차양 있는 베란다 혹은 테라스가 지어졌다.

방들마다 섬세한 투르크메니스탄의 하얀 유르트로 꾸몄다.

벽에는 필요한 물건의 보관을 위해 코르준(Khorjun) 혹은 큰 주머니를 걸었다. 각 방에는 추위로부터 보호해 줄 난로가 지어졌다.

문간과 창구멍, 벽에도 화려하게 장식한 다양한 아름다운 무늬가 있었다.

장식과 카라반 사라이 마무리 작업으로 다양한 음양각 문양과 아름답게 매끈하게 깎은 벽돌을 사용했다.

출구의 옆 벽들은 개별적으로 꾸며졌다.

그것들의 아름답고 벽돌로 만든 기둥에는 다양한 식물의 형태로 무늬를 형상화 하거나 성인들, 현자들의 이름들을 써넣었다.

성처럼 만들어진 카라반 사라이에는 아치, 돔, 호형, 미나레트(회교사원 첨탑), 탑들로 꾸며 졌다.

게다가 카라반 사라이에는 운반용 가축들을 위한 두꺼운 벽이 있는 별개의 건물이 세워졌다.

중세 카라반 사라이의 대부분은 큰 바자르들 근처에 세워졌다.

카라반 사라이에는 높은 수준으로 손님을 후하게 대접했다.

그들을 위한 다양한 전통 음식, 맛있는 요리를 준비했다.

치료사들은 상인들과 여행자들의 피로를 풀어 줄 수 있는 각종 서비스를 제공했다.

먼 거리를 가는 동안 카라반들의 무거운 짐을 실었던 약대들을 도와주었다. 회교 예배당들과 기도실들의 문들은 개방되어 있었다.

중세시대에 큰 영광을 누릴 수 있었던 것은 바로 그러한 편리하고 미적으로 독보적인 카라반 사라이들을 세웠던 투르크멘 건축가들이 있었기 때문이다.

훌륭한 카라반 사라이를 세운 경험이 있는 투르크멘의 장인들은 중앙아시아 곳곳에 세워진 숙소들과 다른 카라반 사라이를 지은 건축가들이었다.

이렇게 수세기 동안 투르크메니스탄 땅에 아름다운 카라반 사라이와 성문, 하얀 유르트들이 세워졌다.

간혹 카라반 사라이에서는 도매로 물건을 팔기도 하고 물건을 살 수 있었고, 상업에 대한 정보나 물건 가격 등을 알 수 있었다.

또한 지역 사람들은 서로 소식들을 교환하기도 하고 다른 지역에서 온 사람들의 이야기들을 듣는 일들이 빈번했다. 카라반 사라이에는 경제 활동이 활기차게 움직였다.

각종 조약이 체결됐고, 관련된 서비스 제안과 함께 가축의 주인들은 카라반 일행에게 서비스를 제공했다.

사업, 협약과 논쟁을 끝마친 사람들은 쉬기 시작하면, 그때부터 섬세하게 무늬가 놓인 실크 천위로 여행자들의 긴 이야기들이 전개되었다.

한 지방의 이야기들은 다른 나라로 넘어갔고, 먼 외국의 이야기들은 투르크메니스탄의 오아시스에 남았다.

그 다음 그들은 이야기를 되풀이했고, 지역에 맞춰서 번역되기도 했고 그 나라의 이야기와 섞이기도 했다.

물론 이것이 이야기를 만들어 내는 유일한 방법은 아니었다. 다른 방법들도 많이 있었다.

결혼, 다른 국가에서의 노예 매매, 문학 작품과의 교류, 공동 식사-사다카에서, 시장에서 그리고 차이하나(중앙아시아의 찻집)에서 담화, 순례, 모든 가능한 사업적, 경제적 그리고 문화적 관계 등 점차 우리의 아버지 땅에서 자신가 바라는 대로 풍성하고 다양한 서사시가 만들어졌다.

자신의 눈으로 먼 국가들의 경탄할 만한 세계를 발견하고, 자신의 동향인들과 후세들에게 이것에 대해 이야기하기위해 상인들과 먼 길을 함께 떠난 여행자들 덕분에 우리는 지금까지 알려진 그들의 풍속과 성정이 담긴 고대 도시들과 민족들에 대한 오래된 필사본의 내용을 알고 있다.

투르크메니스탄의 혼례

이런 여행들은 오랜 세월 동안 지속되었다.

모두가 집으로 돌아오진 못했다.

그리고 세상의 풍부함과 다양함을 경험했을 뿐만 아니라 그 기억을 종이에 기록으로 남김으로써 인류의 역사 속에서 불멸을 찾아 냈다.

인류의 감사한 기억에서 불멸을 찾아냈다.

1세기부터 칼리파국 여행은 매우 활기찼다. 알려진 바와 같이, 이슬람의 규범들 중 반드시 일생에 꼭 한번 일정한 소득과 자유로운 교통로의 존재 하에 메카를 순례하는 것이다.

여기에 카라반로가 상업적 목적뿐만 아니라 중요한 종교적 의미를 가지는 이유가 있다. 종교도, 상업도 여행의 범위를 확장했다.

게다가 과학적 탐구 여행을 반드시 학문 순환의 의무적인 완성으로 본 교육 시스템도 이것을 촉진시켰다.

8세기 중반 중앙아시아는 아랍제국에 속해 있었다.

당시 아랍 문화는 높은 수준에 있었다. 많은 양의 책들이 만들어져 번역되었고 점차 일반 계층에 스며들었다.

이 책들에 기록된 이야기들은 구전으로 전해진 것들이다. 동시에 상업과 문화 관계가 확립되었다.

9세기까지 아랍인들에게는 독립적인 지리학 저서들이 없었다.

하지만 고대 그리스의 학자 프톨레마이오스(Ptolemaios)의 지리학 저서에서 수리아 작가들과 다른 고대 그리스인들의 저서들이 번역됨으로써 그들의 지식이 시작되었다.

동시에 지리에 관한 아랍 책들이 등장했다.

그들의 주요한 지식은 새로운 사실과 세계의 먼 국가들에 대한 지식에 있는데, 그것들에 대해서 고대 그리스인들은 아무것도 알지 못했다.

아랍인들은 자신들의 지리적 저서에서 시베리아, 아시아 남반, 북아프가니스탄, 동아프리카 해안으로 뻗어나갔다.

아랍인들은 이슬람을 받아들인 모든 국가들, 스페인부터 투르키스탄과 하구까지 상세한 거주지 기록, 문화 공간 묘사와 사막, 문화적 표본, 도처에서 발굴되는 유적지들의 확산 분야 등을 자세하게 기록했다.

그들은 물리적 지리학 혹은 기후적 조건뿐만 아니라 생활양식, 산업, 문화, 언어, 각 지역 문화까지 관심이 높았다.

그들이 가지고 있는 지식들은 칼리

파국의 지역에만 국한되지 않고 경계를 넘어 그리스인에게까지 퍼져 나갔다.

후자들은 카스피해부터 동쪽에 걸쳐 있는 나라들에 대해서 잘 알지 못했고, 인도와 중국 북쪽에 있는 아시아 지역에 국가들이 있다는 것조차도 인식하지 못했다.

아랍인들이야말로 길에 대한, 한국으로까지 먼 극동에 대한 지식을 이르스(Irtysh) 강과 예니세이(Yenisei) 강의 상류에 전했다.

아랍 여행자들은 자신들의 지리적 저술에서 도시들과 그곳에 살고 있는 사람들, 이주 경로, 지역들에 대한 상세한 지도와 그 밖에 가치 있는 지식들을 전했다. 그것들은 모두 실크로드에 존재했다.

이와 같이 아랍인들은 중세 시대에 중앙아시아 지역에 흩어져 살고 있었던 민족들의 역사와 문화 연구에 대해 가치 있는 투자를 했다.

9-10세기 아랍 작가들의 자료를 보면 실크로드의 일부분을 현재의 투르크메니스탄 영토를 지나는 여러 지선들과 함께 복원할 수 있을 것이다.

이븐 호르다드베크(Ibn Hardadbeh) 쿠담 이븐 자파르(Kudam ibn jafar), 이븐, 알-파키흐(Ibn al-Fakih), 알무카다시(al-Mukaddasi), 알-이스타흐리(al-Istahri) 등은 실크로드 북쪽 지선에 대한 지리학적 기록을 남겼다.

그 기록에 의하면 그들은 바그다드에서 북메소포타미아를 지나 이동하여, 페르시아에 도착했다.

그 다음에는 남 카스피해 연안을 지나 북동쪽까지 걸어갔고, 바로 중앙아시아 지역이 시작되는 호라산에 도착했다.

여행자 중 대부분이 우회하지 않고 머물렀던 도시는 메르브였다.

몇 세기 동안 기록된 공문서에 그 내용이 잘 보존되어 있다.

메르브에서 여행자들은 아물로 혹은 더 멀리 부하라로, 다시 거기서 사마르칸트를 거쳐 북쪽으로 해서 구르간지로 향했다.

칭기스칸 그리고 그의 후계자 우구데이칸과 몽케칸의 몽골 제국은 인류 역사에 전례 없는 큰 영토를 차지하기에 이른다.

몽골군의 영토 확장으로 특히 몽골 상류계급은 자신들의 병역인 누케르 근위대를 지휘하면서 13세기 중반에는 놀랄 정도로 강성해졌다.

칸들의 총사령부가 있는 곳들은 광범위한 시장이 되었고, 그곳에서 상인들은 귀금속, 천, 모피 등 다양한 물건들뿐만 아니라 여러 가지 사치품들을 거래했다.

당시 유럽인들은 이것에 대해 잘 알고 있었고 교황과 프랑스 왕이 중앙아시아로 파견한 서아시아 상인들과 외교 사절단이 전하는 말을 통해 부유한 몽골인들과 교역이 얼마나 이익이 되는지도 알고 있었다.

우리는 실크로드 통행로에 자리를 잡은 도시들의 위치를 알려주는 지리학 분야에서 중세시대의 투르크메니스탄 학자들에 의해 만들어진 지도들이 세계사에서 중요한 의미를 가지고 있다는 사실을 자랑스럽게 여긴다.

아부 사히트 아스-사마니 알 메르베지(Abu Sahyt as-Samany al Mervezi)는 1112년부터 1167년까지 마리에 살았다. 유명한 메드레스(이슬람 고등교육기관)에서 교육을 받았던 그는 투르크멘의 도시들 - 아물(Amul), 쿠냐우르겐치(Knaeurgench), 사라흐스(Sarakhs), 먀네(Mane), 아비베르드(Abuverd), 니사(Nusay), 데히스탄(Dehistan) 뿐만 아니라 부하라(Bukhra), 니샤푸르(Nishapur), 이스피한(Yspykhan), 구르겐(Gurgen), 바그다드(Baghdad), 할라프(Khalap), 다마스크(Damascus) 등 과학, 교육, 문화의 중심지들을 방문했다.

그는 이 도시들에 있는 도서관에서 일하면서 저명한 학자들을 만났고 그곳에서 자신의 세계관을 넓혔다.

그 결과, 그는 마리에서 아랍 왕조까지 위치한 취락지구와 거의 모든 투르크멘 마을들에 대한 정확한 정보와 가치 있는 지식을 담은 『계보학』(Kitab al-ansab)을 썼다.

모두 8권으로 구성된 이 책은 1156년에 완성됐다.

이 책은 여러 국가들의 지도뿐만 아니라 중요한 지리학적, 유전적 그리고 민속적 사전까지 포함하고 있다.

이외에 이 책에는 지리적 명칭의 정확한 표기법, 읽는 방법, 강세가 주어졌고, 그것들이 의미하는 바를 제시했다.

이것과 관련하여 이 책은 당시뿐만 아니라 오늘날 우리 세대에게도 매우 귀중한 가치를 지닌다.

무함메드 이븐 네지프 베크란(Muhammed ibn Nejip Bekran)은 12세기 후반에서 13세기 초반까지 살았던 학자로, 1208년에서 1209년까지 세계 지도를 그렸다.

그는 이 지도를 호레즘 샤흐(이란 국왕 또는 인도 제후의 칭호) 알레이에트딘 무함메드(Khorezm Aleyetdin Muhammed)에게 바쳤다.

그는 지도를 제작할 때 지리학적, 지명학적 그리고 역사적 책들을 참고하여, 600개 이상의 도시를 표시했다.

규모와 성격상 당시 최고이자 유일무이 했으며 자신이 만든 지도에 대해서 설명하기 위해 20권으로 구성된 「자한나마」(Jahannama)라는 책을 썼다.

지도에는 다양한 도시들과 고대 마을들의 위치가 세세하게 표기되어 있고, 주거 지역과 근방의 아름다운 자연 환경들까지 표기되어 있다.

또한 광장, 성문, 거리, 시장, 도서관, 카라반-사라이, 회교 사원, 희귀한 건축물, 요새 등에 대해 자세한 정보들이 열거되어 있고, 심지어 벽을 세웠던 건축 자재 구성에 대한 것까지 정확하게 기록으로 남겼다.

기록에는 지방 통치자들, 지휘관들, 학자들, 사상가들, 시인들, 작가들, 장인들의 업적에 대한 내용도 있고, 설화와 민담 등 다양한 이야기들을 인용했다.

세계 문화에 한 민족이 일으킨 물질적·정신적 가치를 연구할 때 민족의 언어적 특수성, 종교적 신앙, 문화, 전통과 풍속, 농업, 축산, 기마술 대한 지식들은 매우 중요하다. 그런 의미에서 이 기록은 가치가 매우 크다.

아시아에 파견된 서유럽 상인들은 보통 자신의 통치자들 혹은 로마 교황으로부터 전문적 외교 혹은 비밀 임무를 받았다.

하지만 상인들에게 가장 관심을 끄는 것은 아시아 지역 이곳저곳에서 가져 온 물건들을 누구에게 비싸게 팔 수 있는지 그리고 좋은 물건들을 얼마나 유리하게 구매할 수 있는지와 같은 거래일 뿐이었다.

이렇듯 상업적 관심과 재정 질서(조세와 관세)와 연락 방법과 수단, 교역로 등이 긴밀히 연관되어 있었다.

한마디로 말하면 상인들에게 '교역 관행'이 가장 관심을 끌었다.

14세기에 플로렌스 지방 사람인 프란체스코 발두치 페골로티(Francesca-Balduci Pegolotti)가 쓴 유명한 이탈리아어로 된 아시아 국가들에 대한 안내서에는 그렇게 일컬었다.

하지만 방랑하는 상인들을 위한 이 실제적 지침서는 『국가들을 묘사한 책』이라는 다른 이름도 가지고 있었다.

중세의 아랍(정확히는, 아랍어구사자들) 지리학자들은 13세기 훨씬 전에 그러한 안내서들을 만들기 시작했다.

여기에 나온 주요한 내용은 중국으로 향한 베네치아 여행가 마르코 폴로(Marko Polo)의 책을 모방하고 있다.

여행자
마르코 폴로
(1254 – 1324)

1298년에 쓰여 진 그 책은 가장 초기 버전으로 『세상의 다양함에 대한 책』으로 불렸다.

그런데 마르코 폴로의 책은 주로 개인적 관점에서 쓰여 졌고, 그의 아버지 니콜로와 삼촌 마페오와 함께 다니면서 만났던 사람들에 대한 이야기로 구성되었기 때문에 이후 기록과는 차이가 있다.

늙은 마르코 폴로는 한 번이 아니라, 아시아를 세 번이나 횡단했다.

1261년에 볼가강 중류에서 폴로 형제는 남동쪽으로 킵차크한국 땅을 지나서 여행을 했고, 카스피해 연안을 횡단했다.

그 후에는 우스튜르트 고원(Ustyurt Plateau)을 넘어 호레즘과 올드 우르겐치를 향해 갔다.

계속해서 그들은 남동쪽으로 아무다리아 계곡을 거슬러서 자라프샨(Zarafshon) 하구 지방까지 그리고 자라프샨을 거슬러서 부하라(Bukhara)까지 갔다.

거기에서 그들은 위대한 쿠빌라이칸으로 향하는 몽골 대사와 만나게 되었다.

그리고 대사는 베네치아인에게 그의 카라반에 합류할 것을 제안했다.

폴로 일행은 8년 후에 베네치아로 돌아갔다. 마르코 폴로는 자신의 책 제 21장에 투르크메니스탄에 대한 찬사를 쏟아 놓았다.

투르크멘인들에 대해 다음과 같이 묘사했다.

'그들은 자유로운 목초지로 알려진 산과 평야, 도처에 거주하고 있으며 그곳에서 가축을 기르며 살고 있다.

여러분에게 이야기하고 싶은 것은 바로 여기서 살고 있는 것은 선량한 투르크메니스탄 말들과 훌륭하면서 귀여운 노새들이다.'

그리고 이어서 베네치아 여행자들은 다음과 같이 언급하고 있다.

'이곳에서 가장 선명하고 아름다운 빛깔의 카펫이 제조된다는 것을 염두해야 한다.

그리고 우아하면서 색감이 풍성한 붉은 색을 비롯한 여러 가지 색으로 직조된다.

이곳에는 다른 물건들도 많이 제작되고 있다.'

많은 이익을 얻을 수 있다고 생각한 이탈리아인들은 이 희귀한 수공품들을 유럽에 팔기 시작했다.

이탈리아 르네상스 시대의 몇몇 화가들의 그림을 보면 베네치아와 다른 서양 도시들의 궁전에서 투르크메니스탄 양탄자들을 발견하는 것은 놀라운 일이 아니다.

14-15세기에 마르코폴로의 책은 지리학자들을 위한 지침서들 중의 하나가 되었다.

콜럼버스를 포함하여 천체·물리학자들, 그리고 항해자들을 위한 참고서가 되었다.

그것은 지리학적 발견의 역사에서 큰 역할을 했다.

마르코폴로의 책은 오늘날 읽고 또 잃어도 보기 드문 문학 작품이고 과학 저서로서 최고의 중세 저서 중의 하나이다.

그것은 세계 문학 금고에 들어갔고, 많은 언어로 번역되었으며 세계 여러 나라에서 출판되고 있다.

몇 대에 걸쳐서 생겨난 카라반로는 아시아와 유럽을 연결했다.

그들을 갈라놓기 위한 시도들이 있었고 수차례 침략자의 전쟁이 일어났다. 하지만 파괴되고 태워진 도시들이 복구되었고 다시 재건축되었다.

피비린내 나는 전쟁과 파괴적인 전염병은 평화를 흔들었다.

많은 민족들과 국가들이 등장했다가 사라졌다. 심지어 아무다리야는 수원지를 바꿨고, 아랄해(Aral Sea)는 외형을 바꿨다.

위대한 카라반이 다닌 이 길만이 지워지지 않고 변함없이 남았다.

아무도 이 길을 다닌 카라반들의 역동적인 걸음을 멈추게 하지 못했다.

동쪽부터 서쪽까지 투르크메니스탄 영토를 둘러보면(바로 그런 형태로 이 책은 제시되어 있다) 이것을 증명하는 다양한 시대의 유적들을 많이 발견할 수 있다.

남겨진 유적에는 놀라운 설화들과 전설들을 간직하고 있다.

마르코폴로의 여행, 14세기

나는 이 고대의 이야기들을 미래 세대에게 전하는 것이 우리의 의무라는 것을 강조하고 싶다.

이 고대의 이야기에 나온 일화들 덕분에 위대하고 새로운 시대를 만든 선조들의 가르침이 우리에게 풍부한 지식이 되었다.

이 모든 성과를 달성하게 된 것은 항상 가능한 모든 발전 방법을 끊임없이 탐구하고, 강화하고, 지속하고 그것을 반영한 결과이다.

여기 고대의 문양과 형태가 우리 눈

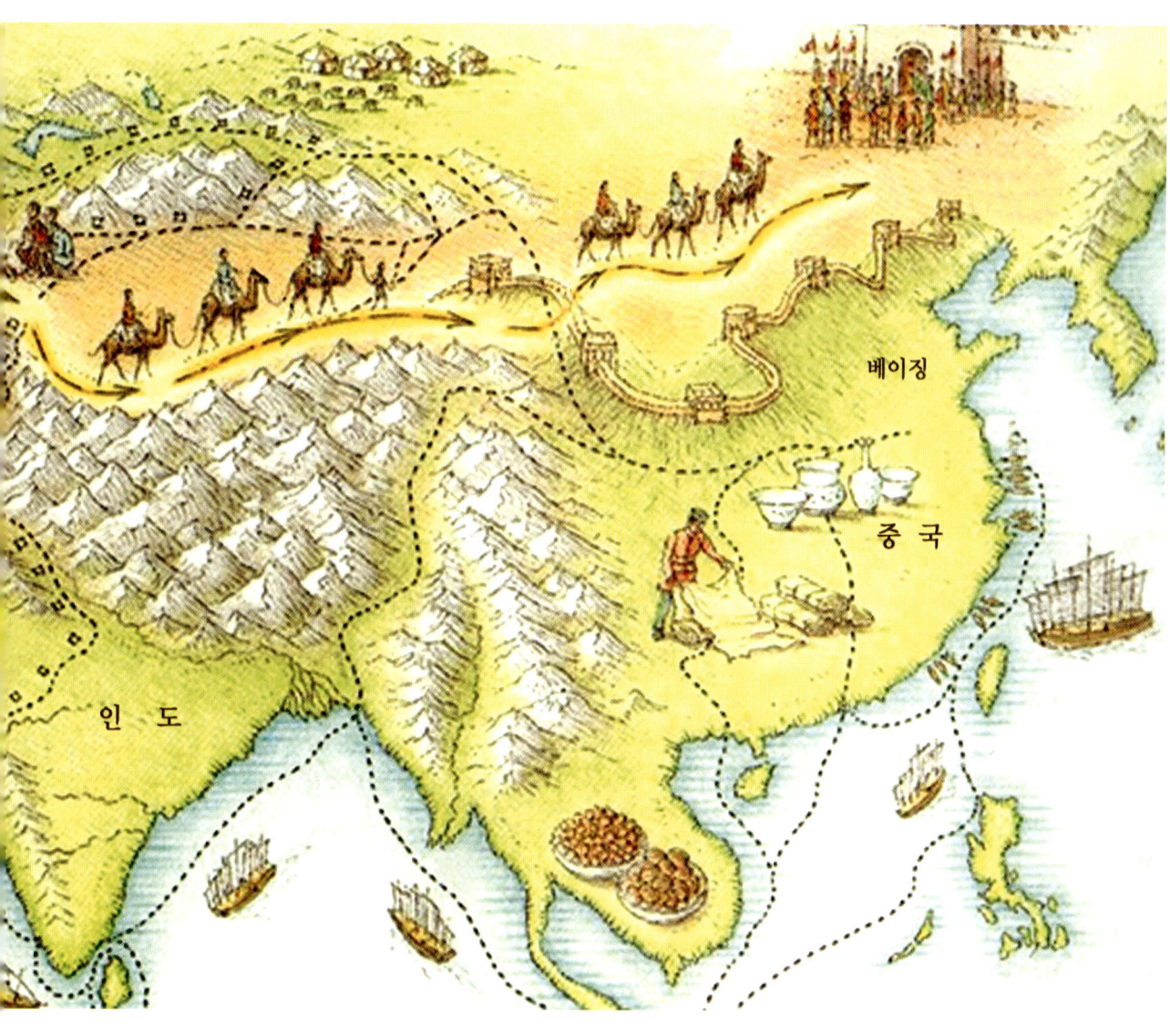

앞에서 부활했다.

그리고 우리에게 진정한 기적을 보이는 고대 서적들에 기술된 이 기록들은 하자르칸국(Hazar)과 자이훈(Jeyhun) 사이에서 유래한 것이다.

그들은 산과 평야, 강 그리고 사막, 폭염과 혹한을 이겨 내고 우리에게 왔다. 인생의 위대함을 구현한 그들은 미래 세대인 우리의 삶에 대해서도 이야기하고 있다. 이 모든 것은 인류가 후손에게 물려 준 위대한 유산이기 때문이다.

제1장

자이훈 강(Jeyhun River)을 따라서

다야하틴(Dayahatyn)의 카라반사라이에서

부하라를 떠나서 아무다리아 강을 건너 중국에서 서쪽으로 향하는 카라반들은 실크로드의 육로와 수로의 교차로에서 아주 거대한 지점인 아물에 도달한다.

아물은 우뚝 솟아있는 지형으로 지금은 아무다리아 왼쪽 강변, 남서쪽 강의 12Km에 위치해 있다.

실크로드 거점 도시 - 아물(Amul)

일찍이 아물의 성벽은 모든 주위보다 솟아 있었고, 오래된 내부 요새, 그 지역 왕족의 거주지인 성은 다른 것들보다 높았다.

비교적 잘 정비된 도시의 일부인 샤흐리스탄 성벽 밖에는 복속된 도시들이 있었다.

방호벽에 둘러싸인 라바드(중앙아시아, 이란, 아프가니스탄 도시들에서 샤흐리스탄 바깥에 위치한 복속 촌락들)가 있었다.

중세시대에 아물은 약 200 헥타르를 차지했는데, 이 면적은 이 당시의 파리시와 대략적으로 일치한다.

고고학자들의 견해에 따르면, 아물은 2000년 전에 세워졌다.

이곳이 전성기를 이룰 수 있었던 첫 번째 조건은 아무다리아강을 건널 수

다야하틴 카라반 사라이 건설

자이훈 강의 노을

다야하틴

자이훈은 아무다리야 강의 고대 명칭이다

있는 나루터 역할을 했다는 것과 관련 있다.

두번째로는 하천 교통로에서 대규모 선착장이었고, 이곳을 따라 남쪽, 인도에서 물길로 교역물이 이동했으며 쿠냐 우르겐치에서, 먼 북쪽 국가들 불가리아, 하자르, 러시아에서 나온 물건들이 이곳을 통해 움직였다.

이외에, 육로 교역도 활발히 이루어졌는데, 육로를 따라 카라반들은 아물에서 부하라 동쪽의 나루터를 지나서 호레즘 북쪽의 강둑 왼쪽을 따라, 남쪽에 있는 젬(Zemm)과 테르메즈(Termez), 그리고 서쪽으로 메르브로 향했다.

여기에 도시들이 형성된 배경, 기원, 의미 등이 과학적으로 밝혀지지는 않았다. 다만 이곳에 살고 있는 민족들이 나름의 이야기를 만들어 냈다.

그리고 구전으로 전해지고 있다.

현지에 살고 있는 토착민들의 이야기에 따르면, 오늘날 아물은 자이훈 강에서 멀지 않은 곳에 위치해 있지만 당시 아물은 강줄기 방향이 바뀌어 물이 없는 상태였다. 마을 주민들은 강물을 이용할 수단을 상실했다.

한편, 도시의 통치자에게 아름다운 딸이 있었는데 그녀는 다른 나라들의 왕자들에게 청혼을 많이 받았다.

아물의 통치자는 특별한 몸값을 요구하지 않았다.

다만 한 가지 조건을 제시했는데 그것은 바로 자이훈(Jeyhun)의 물줄기를 도시로 돌아오게 하는 것이었다.

강의 분노를 경험한 구혼자들이 실패를 거듭하자, 아무도 이 일에 선뜻 나서는 사람이 없었다.

그런데 이 아름다운 공주를 흠모하는 젊은 장인이 있었다. 그도 왕이 제안한 물길을 도시로 끌어 들이는 것에 지원했다.

자이훈강의 물길이 인공으로 만든 운하로 흘러나오지 않고 다른 방향으로 흘러 나가 버렸기 때문에 장인은 오랫동안 고민했다.

그러나 장인은 포기하지 않았다. 왕인 칸(중세의 타타르. 몽골. 중국의 주권자의 칭호; 지금은 이란. 아프가니스탄 등의 주권자. 고관의 칭호)의 딸에 대한 열렬한 사랑이 그에게 큰 힘이 되었기 때문이다.

이런 장인의 온갖 노력을 본 하늘이 그를 안타깝게 여겨, 어느 날 그의 꿈에 나타나 어떻게 해야 하는 지를 보여 주었다.

그는 꿈에서 가르쳐 준 것처럼 장인은 강둑을 견고히 쌓은 후 도시 벽을 따라 4개의 큰 수로를 만들어 물이 도시와 주변 정원으로 흐르게 하였다.

칸은 약속대로 자신의 딸을 그에게 주었고, 모든 사람들은 며칠간 계속된 결혼식에 초대를 받았다.

뻗은 수로 덕분에 아물은 물의 도시가 되었다. 그리고 도시는 매우 빠르게 번성했다.

이 4개의 수로 유적으로 도시는 '차르주이'(Charjuy)라는 이름으로 개칭되었는데, 이것은 문자 그대로 '네 개의 수로'를 의미한다.

자이훈 강('고요하지 않은'의 의미)은 아무 다리아, 즉 '아물의 강'이 되었다.

이 강 이름의 기원에 대한 몇 가지 과학적 추론들이 존재한다는 것을 언급할 필요가 있다.

수세기 동안 아물은 잦은 외부의 침공으로 수차례 재난을 당했다.

아랍의 침략을 당하기도 했지만 9세기에 자이훈강은 교역의 중심이 되어 도시를 번성시켰다.

1220년, 아물은 몽골에 의해 파괴되었으나, 도시는 다시 복구되었고 15세기에는 새로운 단계를 시작했다.

이런 여러 가지 사건들이 구전으로 전해지는 이야기에 반영되었다.

여러 이야기의 대부분이 적들이 도시

역사의 메아리

를 어떻게 포위했는가 하는 것들이다. 오랫동안 적들은 자이훈 강변의 요새들을 무너뜨릴 수 없었다.

　도시 주위를 위협하면서 침략자들은 "힘으로 점령하지 말고 아사 시켜서 점령하자!"라고 외쳤다.

　적들에 둘러 싸여 포위된 성 안의 사람들 중에 동쪽 전역에서 유명한 메흐리-쿨랄(Mehri-kulal)과 바하베트딘(Baha-vetdin)이라는 두 명의 도공이 있었다.

　이 두 사람은 성 안의 사람들을 돕기는 했지만 군사 교육을 전혀 받지 않았기에 맞서 싸우기에는 역부족이었다.

　날이 갈수록 적의 공습이 맹렬해지면서 성 안의 사람들은 더 이상 버틸 수 없을 것이라는 것을 알게 되었다.

　곧 적이 요새의 성벽을 정복할 것이라고 생각했다.

　이 절대 절명의 순간에 모두가 어떻게 멸망해 가는 도시를 구할 수 있을지에 대해 생각했다.

　늦은 밤에 메흐리-쿨랄의 오두막집에 지혜로운 노인 한 명이 찾아왔다. "내 말을 들어보게, 메흐리-쿨랄"

　그가 말했다.

　"오늘 내일 사이에 적들이 성 안으로 들어 올 것이네. 그렇다고 그들의 폭압을 허락해서는 안 되네. 우리에게 한 가지 방도가 있네. 아침까지 학자들과 타빕(의사, 약사, 박사, 의학생)들이 신기한 약을준비할 것인데, 이 약은 사람들에게 힘을 줄 것이네. 그러니까 당신들은 아침까지 아물에 남은 사람들의 수만큼 그릇을 만들어야 하네."

　이 말을 들은 두 장인은 즉시 그릇을 만들기 시작했다. 두 도공은 쉼 없이 일했다. 자정에 이르러 작업은 절반이 완성되었다.

　가장 중요한 것이 남았다. 도기를 굽는 것이다.

　장작도, 마른 풀도 없는 포위된 도시에서 매우 어려운 일이었다. 하지만 주저해서는 안 되는 것이었다.

　한 사람은 그릇을 훔단에 쌓아 올리고 다른 한 사람은 불을 피웠다.

　두 사람은 태울 수 있는 모든 것을 모아서 불에 내던졌다.

　손으로 눈을 감싼 메흐리-쿨랄은 훔단에 있는 그릇들을 보았다.

　불이 약해졌다.

　"더, 바하베트딘! 더!"

　그가 부탁했다. 스토브는, 가마는 불행하게도 천천히 뜨거워졌다.

　바하베트딘은 불에 남은 장작을 던졌고, 불꽃은 더 높이 올라갔다.

　"아직 좀 더!"

메흐리-쿨랄이 쉰소리를 냈다.

바하베트딘은, 망설이지 않고, 머리에서 모자를 벗었다.

"불을 더!"

모자와 덩달아 불에서 옷이 날아올랐다.

"더!" 필사적으로 메흐리-쿨랄이 소리쳤다.

흉부 가득 공기를 빨아들인 바하베트딘은 스스로 사납게 날뛰는 불로 뛰어들었다.

결국 적들은 아물을 점령할 수 없었다.

이렇게 도시가 두 명의 도공 덕분에 정복되지 않은 채로 남았다는 이야기가 전해지고 있다.

아물에서 아무다리아강을 따라 난 길들은 남쪽으로 그리고 북쪽으로 통한다.

먼저 남쪽으로 출발해보자.

몇 킬로미터를 지나서 큰 요새 호자이닷 갈라(Hojaidat gala)가 우뚝 솟아 있다.

이 요새에 대해 전해지는 유명한 세 가지 전설이 있다.

첫 번째 전설은 수세기전 이 지역을 통치했던 잔혹한 통치자에 대한 이야기이다. 그에게 열 개의 마을, 도시, 그리고 성이 복종했다.

어느 날 그는 영지의 새로운 도읍을

호자이다트(Hojaidat) 요새

아스타나바바(Astanababa)

세우기로 계획했다. 왕의 명령에 따라서 모든 사람들이 모였고 노예들을 한곳에 모아왔는데, 그들은 새벽부터 저녁까지 노동했다.

하지만 성급한 왕은 성벽 공사가 더디게 진행된다고 여겼다.

그래서 태만한 인부들에게 대해서 엄한 벌을 내릴 것을 명령했다.

누군가 일에 늦거나 혹은 서툴게 하면 형벌을 받았다. 이렇게 폭군은 사람들을 밤낮으로 일을 시켰다.

비인간적 조건들과 감시관들의 괴롭힘으로 지치고 배고픈 이들이 쓰러졌지만 계속 일을 하도록 했다.

이런 희생 속에 요새를 만드는데 20년이 넘게 걸렸다.

가파른 요새의 경사를 보면 얼마나 많은 희생이 요구되었는지 알 수 있다.

이 전설대로라면 호자이닷 요새는 무슬림 성인으로 추앙받는 헤즈레트 알리 (Hezret Ali)를 선두로 한 아랍에 의해 중앙아시아가 정복되기 훨씬 이전에 세워졌다.

그가 군사를 이끌로 요새를 점령하려고 했을 때, 당시 요새의 견고한 벽 뒤에 왕과 귀족들이 숨어 있었다.

공격에 실패하자 알리는 성을 포위하기 시작했다. 포위는 3달 이상 계속되었지만 성안의 사람들은 항복하지 않았다.

그러자 헤즈레트 알리는 꾀를 냈다. 현자의 조언에 따라 그는 도시를 점령하려는 시도를 거부했다는 유언비어를 퍼뜨리고, 병사들과 함께 근방에 숨었다.

그리고 몇 주 후, 헤즈레트 알리의 조력자인 알리 호자이다트를 필두로 한 몇 명의 아랍군들이 배우들로 변장하여 성 근처에서 다채로운 공연을 했다.

경계심을 푼 경비병들이 성문을 열었다. 이때 헤즈레트 알리의 선봉에 선 기병대가 성채 공격하는 척하자 경비병들은 배우로 변장한 아랍군들을 재빠르게 성 안으로 들여 보냈다.

성 안으로 들어온 아랍군들은 밤이 되자 경비들을 죽이고 조용히 성문을 활짝 열었다. 때맞춰 온 아랍군들이 성 안으로 난입하여 난공불락의 요새를 점령하게 되었다.

중앙 아시아에 아랍인들이 들어오게 된 다른 전설이 전해진다.

당시 자르쿤(Tsar Zarkun)이라는 군주가 있었는데 그는 매우 약하고 고집이 센 왕이었다.

그는 아무다리아 중류 호반에 거주하는 많은 부족들을 복종시켰다.

이에 불만을 가진 백성들이 그에게 반란을 일으켰다. 반란 시도 중 하나는 아랍의 침습과 때를 같이하여 일어났다.

이것을 헤즈레트 알리가 이용했다.

그는 성으로 자신의 사람들을 보내 불만을 가진 이들을 자신의 편으로 끌어들였다. 도시민들도 도시를 점령하는 데 도왔다.

성문 앞에 알 수 없는 거대한 상자들을 실은 100마리의 약대들과 상인카라반이 등장했다.

성 내에 있는 알리의 지지자들이 이 카라반을 통과시켰다.

밤이 되자 궤짝 속에서 아랍 군사들과 헤즈레트 알리의 조력자인 호자이다트가 뛰어나오기 시작했다.

그들은 감시병을 섬멸했다. 그리고 성 안으로 아랍인들의 본대가 난입했다.

자르쿤 왕은 포로가 되었고, 그를 무신앙으로 탄핵하고 처형했다. 새로운 통치자로 호자이다트가 임명되었고 그때부터 요새의 명칭은 그의 이름을 따서 불리기 시작했다.

그보다 더 낭만적인 세 번째 전설이 있다. 아주 오랜 옛날, 자르쿤이라는 이름으로 크게 번성한 전원도시였던 호자이닷 갈라 고도에 대해 이야기이다.

현명하고 지혜로운 왕이 도시를 통치했으나, 캬피르(이슬람교도들이 비이슬람교도들을 가리키는 이교도)는 이교 신

도공들

자이훈 강기슭

앙을 가진 불신자였다.

그에게는 아름다운 딸이 한 명 있었다. 그녀보다 더 훌륭하고 아름다운 이는 레밥 주 전체에 아무도 없었다.

그때에 자이훈 계곡에 무하메드의 조카인 무슬림 예언자 알리가 군대를 이끌고 이 지역으로 오게 되었다.

젊고 유능한 그는 자신의 애마인 둘둘(Duldul)을 타고 다니며 다른 민족들과 부족들에게 이슬람을 숭상하도록 하였다.

지혜와 힘, 계략과 꾀로 그는 도시들과 성들을 정복하고 복종시켰다.

아랍군은 자르쿤 요새에 접근하자 통치자에게 힘으로 성을 정복할 수 없다고 말했다. 그때 전우들의 충고를 받은 헤즈레트 알리는 꾀를 내었다.

부유한 동쪽의 상인으로 변장한 알리는 자신의 말 둘둘을 타고 80마리의 약대들에 가장 큰 무거운 궤짝을 실은 (그들 중 각각에 4명의 아랍군이 있었다)카라반으로 변장하여 요새로 향했다.

거주민들에게 부유한 상인이라고 하면서 카라반이 요새를 통과할 수 있도록 부탁했다.

성 안으로 들어간 그는 다음날 싸고 아름다운 동방의 물건들을 팔기 시작했다.

도시에 자리를 잡은 알리는 지방 귀족들의 관심을 돌리기로 결정했다.

여인의 모습들을 엿보는 왕궁 발코니

의 맞은편에, 알리는 자신의 종들에게 기둥을 파묻고 밧줄을 끼우도록 지시했다.

그리고 능숙한 문지기, 즉 줄타기 곡예사처럼 그 위에서 왔다 갔다 하기 시작했다. 그 후 자신의 훌륭한 군인인 호자이다트에게 그렇게 하도록 명령했고, 왕과 그의 가족들과 도시민들의 행동을 감시했다.

줄타기 곡예사는 능숙하게 앞으로 나갔고, 그것을 본 왕후와 특히 왕녀의 마음에 들었다. 왕녀는 밧줄 위에서 뛰고 있는 젊고 날렵한 군인의 멋진 모습에 반하게 되었다. 왕녀는 이들이 요새에서 밤을 보낼 수 있도록 아버지인 왕에게 청하고 왕도 그것을 허락했다.

이 모든 것을 능숙하게 이용한 것은 알리였다. 밤에 궤짝들이 열렸고, 그 안에서 아랍인들이 뛰어나오기 시작했다.

감시병은 빠르고 일소되었고, 성문은 헤즈레트 알리의 군대의 선봉 부대를 위해 활짝 열어 놓았다.

도시 거주민들에 대한 학살과 살육이 시작했다.

알리는 자신의 긴 칼을 날렵하게 날려 자르쿤인들을 난도질하기 시작했고, 아랍인들을 고무시켜 잔혹한 전투에 승리를 이끌었다.

그가 말했다. "이 도시 그리고 이 왕조에 속한 40개의 성에 살고 있는 사람들의 운명은 고통스러워질 것이다."

이윽고 알리에게 늙은 왕을 데려 왔는데, 그가 알리에게 말했다. "날 죽이지 말게, 나는 자네를 알아보네."

호자이다트의 부탁에 따라 알리는 통치자와 그의 가족은 살려주기로 했다.

전투가 끝나자 모두가 기도했고, 그 후에 알리는 사랑에 빠진 한 쌍, 호자이다트와 젊은 공주를 축복했다.

요새의 통치자로 그는 호자이다트를 임명했다.

전해지는 이야기에 따라, 그때부터 이 도시는 호자이다트 알리라고 불린다.

다른 40개 왕의 요새의 점령 후에 알리는 이 지역은 이슬람을 숭상하게 된다.

이야기로 전해지는 것들 중에 크로이 목마에 관한 고대 그리스의 전설과 유명한 아랍의 동화 「알리바바와 40인의 도둑들」과 내용이 무척 유사하다는 것을 어렵지 않게 추측할 수 있다.

아무다리아 오른쪽 강변과 호자이다트 갈라 요새의 거의 맞은 편, 그리고 높은 벼랑에 나비다흐(Navidah) 요새의 흔적이 보존되어 있다.

절반 정도가 강에 쓸려가 버렸지만 고고학자들은 이곳에 도시가 있던 시기를 3~12세기로 추정하고 있다.

투르크메니스탄 문학의 문호, 시인 몰란네페스 (1810-1875)

사람들에게 일반적으로 조흐레-타히르(Zohre-Tahir)성이라고 불려 지는데 이 지역에 전해지는 민담과 이야기들의 주요 소재가 된 두 젊은이의 불행한 사랑의 테스탄(이야기, 서사시)과 관련이 있다.

오늘날 문학적 원류로 잘 알려져 있다. 20세기에 들어서야 17세기 투르크멘 시인 세이이트무함메드 세이티(Seyitmohammed Seydi; 태생은 샤아트 출신)의 필사본이 발견되었다.

이 서사시는 투르크메니스탄뿐만 아니라 근방 지역에도 잘 알려진 작품들 중의 하나이다.

내용을 보면 시, 우화, 그리고 노래들이 거의 투르크 언어로 되어 있다.

투르크멘 버전으로 된 것들의 원작자는 우리 문학의 문호 몰란네페스(Mollanepes)와 관련된다.

이 서사시는 높은 예술성과 섬세함을 드러나며 투르크멘 민족의 삶 속에 혼과 사상으로 스며들었다.

그러한 깊이 있는 원류에서 몰란네페스는 예술적 서사시와 음악의 장인이라고 할 수 있다.

과거의 사건들과 연관하여 발생한 이 서사시(데스탄)는 투르크멘의 땅에서 완벽하다고 할 수 있는 예술적 언어의 사료이다.

몰란네페스는 형식과 사건, 내용의 풍성함, 그리고 민족적 정서를 내용에 섞어 예술적 가치를 지닌 새로운 작품을 만들었다.

데스탄의 주요한 내용은 다음과 같다. 자식이 없는 파디샤흐(아프가니스탄의 왕, 옛 터키, 페르시아 왕의 칭호) 바바한은 도시 국가인 타타르를 다스렸다. 어느날 그는 자식이 없는 고관 비하라에게 함께 여행을 떠나자고 제안했다.

여행을 하는 도중에 공동 묘지에서 밤을 지내게 되었는데, 고관과 파디샤흐에게 각각 아이가 생길 것이라는 예지몽을 꿨다.

파티샤흐와 고관은 만약 그들의 아이들이 각각 다른 성별로 태어난다면, 장차 두 아이를 결혼시키기로 약속했다.

파디샤흐에게는 딸 조흐레(Zohre)가 태어났고, 고관에게는 아들인 타히르(Tahir)가 태어났다. 그런데 고관의 아들이 아직 태어나지 않았을 때 샤흐는 자신보다 지위가 낮은 집안과 혼인 관계를 맺는 것이 부끄러웠다.

한편, 태어난 지 얼마 되지 않아 고아로 남은 고관의 아들은 유모의 손에서 자랐고 몰란네페스가 가르치는 학교에 들어갔다.

바로 조흐레가 그 학교를 방문하게 되었는데 그들은 서로 사랑하게 되었다.

어느 날 아침 타히르가 학교의 입구에서 조흐레를 한참 기다렸지만 그녀는 오지 않았다.

아버지가 그녀에게 타히르와 만나는 것을 금지했기 때문이었다.

하지만 소년은 단 한 번만이라도 조흐레를 보길 무척 원했고, 조흐레는 아버지 몰래 연인을 만났다.

그들의 만남이 샤흐에게 알려지자, 그는 타히르를 궤짝에 감금해서 강에 버릴 것을 명령했다. 타히라를 풀어달라고 부탁하기 위해서 조흐레는 사람들을 데리고 궁으로 갔다.

하지만 파티샤흐는 완고했다.

조흐레는 떠내려가는 궤짝을 붙잡기를 간절히 소원하면서 강에 몸을 내던졌지만 그녀를 집으로 돌려보냈다.

조흐레는 너무나 고통스러웠다. 그리고 밤낮으로 눈물을 흘렸다.

폭군인 아버지는 그녀를 가라바티르(Garabatyr) 장군에게 시집을 보내기로 결정했다. 이 사실은 안 그녀는 더욱 슬픔에 빠졌다.

강물을 따라 타히르가 있는 궤짝은 바그다드로 갔다. 둥둥 떠가는 궤짝을 왕의 딸이 보게 되었다. 공주는 강에서 궤짝을 간신히 끌어 내어 열어 보았다. 그리고 그 안에 있는 젊은이를 발견했다.

공주는 그 안에 있는 젊은이가 자신의 연인이라는 것을 알고 (그녀의 꿈에서 타히르가 그녀에게 옷을 전했다. 그녀는 그를 본 적이 없었음에도 불구하고 이미 그를 사랑하고 있었다.) 젊은이를 왕의 방식으로 맞이했다.

하지만 타이르는 공주의 후대에도 기쁘지가 않았다. 그는 사랑하는 조흐레를 잊지 못했기 때문이다.

7년간 타히르는 바그다드의 통치자인 아딜샤흐(Adilshah)의 손님으로 있었다.

강에 내던져지는 타히르

타국으로 떠내려온 타히르

어느 날 조흐레의 예언가가 타히르를 정원에서 보았다.

조흐레는 그에게 편지를 전해 줄 것을 명령했는데, 거기에는 자신의 고통에 대해 이야기했고 타히르가 그녀를 새로운 불행에서 구해주길 부탁했다.

타히르는 고향으로 돌아가기로 결심했다. 꽉 찬 모험, 긴 여정 후에, 드디어 그는 타타르시를 방문했고 비밀스럽게 조흐레를 만났다. 타히르가 온 것을 안 바바한은 그를 처형할 것을 명령했다.

처형이 집행되었다. 연인의 묘지에서 조흐레는 자살했고, 그녀의 무덤에서 그녀를 사랑한 가라바티르도 자신의 삶을 끝냈다.

타히르의 죽음을 알게 된 바그다드의 통치자 아딜샤흐는 바바한에게 진격하여 그를 점령했다.

데스탄의 대미는 신화적이다. 성인들은 사랑하는 연인의 죽은 몸에 생명을 불어넣었다.

조흐레와 티히르는 바바한을 용서한다. 아딜샤흐는 그를 통치자로 두고 스스로 자신의 권역으로 돌아갔다.

지금까지의 내용이 데스탄의 전체적인 줄거리이다.

민담을 근간으로 삼아 몰라네페스는 사랑과 모험 주제에 관한 투르크멘 문학 작품 중 최고의 작품 중 하나를 만들었으며 원래의 출처를 약간 변경했다.

데스탄의 끝은 전형적이다.

전설에서 샤흐는 연인의 무덤에 큰 플라타너스 나무 두 그루의 나뭇가지들이 서로 엉키어 있었고, 엉킨 것들이 작은 가시인 채로 자라 있는 것을 본다.

이 상징적 이미지도 몰라네페스는 그대로 본땄다.

하지만 그의 버전에서 플라타너스 대신 장미 관목이 자란 것으로 표현했다.

영적 및 도덕적 가치의 주요 목적은 사람을 악에서 보호하고, 올바른 길로 인도하고, 그 결과로 달성하고, 도덕적으로 성숙한 사람들의 수를 늘리고 행복하고 풍요로운 삶을 보장하는 것이다.

몰란네페스의 「조흐레와 타히르」에 나타난 주요한 문학적 과제는 바로 그 해결책을 찾는 것이다.

몰란네페스는 자신의 작품에 깊이 있고 그리고 다각적 측면에서 투르크멘 민족의 정신적 세계인 인본주의, 애국심, 덕, 삶에 대한 사랑, 말과 정신적 숭고함에 대한 믿음을 보여준다.

도덕적 가치인 이것들은 우리 모두에게 필요한 것이고 이를 위해서는 인류 공동체와 덕망가들이 중요하다.

아무다리아 흐름 보다 높이, 중세의

타히르를 구해냄

마힘(Mahym)과 그녀의 하녀들

조흐레와 타히르

젬(현재의 아타무랏)이라는 도시 근처에 아스타나 바바의 추모비가 있다.

이와 관련한 전설이 있다.

약 400년전 경, 차르빌라이트(Charvlayet, 발하의 4개로 이루어 진 큰 주)를 통치하는 이븐 알리누르 오글리(ibn-Ali Nur ogly)의 딸 주베이다(Zuveida)는 차르조우 케르키(Charjou-Kerki)의 군주와 결혼했지만 얼마 지나지 않아 죽고 말았다.

슬픔에 빠진 그녀의 아버지는 그녀를 위해 아름다운 궁을 세우도록 명령했다.

궁을 짓기 위해 메르프와 사마르칸트에서 뛰어난 건축 기술자들이 초빙되었다.

그런데 건축이 끝나자 마자 와르르 무너졌다. 그러한 불행한 운명이 건물에 닥치면서 건물이 무너지는 일이 세 번이나 발생했다.

이렇게 절망에 빠져 세월을 보내던 어느 날, 누르 오글리는 한 밤 중에 예지몽을 꾸게 된다. 그에게 나타난 은거자는 메카에서 만들어진 점토와 물로 건물을 지어야 무너지지 않을 것이라고 말한다.

노인들은 성지로 카라반을 파견해야 한다는 의미로 꿈을 해석했다.

성지에서 가져 온 흙을 벽돌 점토에 섞었다. 가져 온 물을 우물에 붓고 건축에 필요한 양만큼 물을 가져다 사용했다.

궁은 무사히 완성되었고, 누르 오글리가 죽은 후에 그의 시신도 딸의 무덤 가까이에 매장되었다.

전문가들에 따르면, 이 전설에는 분명히 아스타나 바바 (Astana Baba)의 건축 외관에 존재에 대한 민간 설명이 두 개의 돔 모양의 무덤으로 묘사되어 있다.

돔의 파괴에 대한 이야기에서도, 어느 모로 보나 이미 오래전에 그가 당했던 사당의 파괴와 대규모 재건에 관한 막연한 기억들이 나타난 것일 수도 있다.

하나 더 주목할 만한 장소는 아무다리아 강변의 오른쪽 코이텐다그 산맥(Koitendag Mountains)에 있는 것이다.

그것은 수 세기동안 유명했고 그것에 대한 소문은 카라반 실크로드를 따라 퍼졌다.

이 장소는 크릭기즈(Kyrkgyz; 40명의 처녀들)라고 불렸고 호자필 마을(Hojapilsettlemen)근처에 깊은 협곡이 존재한다.

이 협곡의 바위는 200m 높이로 폭이 15미터로 좁아지기도 한다. 협곡의 밑바닥은 깨끗한 샘물이 흐르고 그 샘의 수원지는 거대한 동굴에 있다.

동굴의 아치는 50미터에 이른다.

이것에 대한 옛 민담 설화로 아주 오랜 옛날에 아름다운 골짜기 옆 산속 마을에 40명의 미녀들이 살았다는 이야기가 있다.

그들은 매일 서늘한 동굴 속에 있는 연못가에서 쉬기도 하고 목욕도 했다.

어느날 이 마을에 침략자들이 침략했다. 마을의 젊은이들이 이 협곡에 숨었지만 그들의 비밀스러운 은신처는 금방 드러나고 말았다. 적들이 동굴까지 접근하자, 처녀들은 신에게 자신들을 구원해 달라고 기도했다.

그러자 기적이 일어났다.

절벽이 벌어지고 처녀들은 그 틈으로 숨었다. 곧 바위가 그들 뒤에서 닫혔.

그들이 협곡에 남긴 식기와 옷등 여러 물건들은 돌로 변했다.

생명력을 가지고 있는 코이텐다그 골짜기에는 아직 드러나지 않은 비밀들이 많다. 나는 우리나라의 관광사업 분야를 발전시키기 위해서는 코이텐다그에 있는 아름다운 장소들이 많이 있다는 것을 소개해야 한다고 생각했다.

우리는 코이텐다그로 향하는 전문적인 국제적 탐험대를 조직했다.

이 산악 지방의 관광 사업을 '신기한 코이텐다그(Fairy Koitendag)' 라고 정한 것은 우연이 아니다.

고대 아무다리아 강이 흐르는 이 지역은 우리나라 영토에서 가장 높은 곳이라고 생각하는 아이리바바 산(Ayrybaba Mountain)에 위치해있다.

산의 높이는 거의 3만2천 미터이다. 국제적인 산악 탐험대는 여기에 투르크메니스탄 국기를 게양했다.

실무진을 방문한 2011년 가을 레밥주에서 코이텐다그의 아름다움을 즐겼을 뿐만 아니라 가이나르바바(Gaynarbaba) 호수에 관한 전설을 들을 수 있었다.

전설에 의하면, 호수에서 더 이상 고기를 잡을 수 없게 된 이후 갈란다르(Galandar)라는 노인이 이곳에 거처를 정하게 되었다고 한다.

황화수소를 함유하고 있는 아크수프(Aksuv)샘은 국민들 사이에 매우 유명하다. 학자들의 과학적 연구에 의해 아크수프의 의학적 특성이 확인되었다. 땅 부근에서 두드리며, 물이 여기서 끓어 오르고 거품이 일어나 마치 솟아오르는 것 같다.

이러한 까닭으로 이곳을 가이나르바바('솟아오르는')라고 부르고 있다.

누군가 코이텐다그의 호자필 마을을 방문하게 된다면 오랫동안 본 것에 감명

아스타나바바

을 받을 것이다.

고대 파충류들인 공룡들의 흔적이 발견된 장소와 가까운 곳에 위치한 덕분에 이 마을은 '성스러운 코끼리'라는 명칭을 얻었다.

코이텐다그 산맥에 있는 이 독특한 동굴의 환상적인 세계는 다른 어떤 곳에서도 볼 수 없을 만큼 모두를 매료시킨다.

그렇기 때문에 나는 자연의 풍부함에 대해 책을 쓰고 이 천국의 장소를 세계에 전파할 필요가 있다고 생각한다.

오늘날 이 지역에 광석 채굴산업이 진행되고 있다. 광석은 투르크메니스탄 경제에 새로운 역할을 하고 있다.

채굴한 것들은 레밥주에 있는 투르크메니스탄 화학 산업 단지에 보내진다. 그곳은 바로 가를릭(Garlyk) 광석 채굴 및 가공 단지이다.

2012년 레밥 주의 소도시 가를릭(Garlyk)에서 국경 관문인 자르구제르(Jarguzer)를 방문한 적이 있다.

국경은 우정과 민족간 유대감을 발현시키고 문화적 영향을 쌍방향으로 주고 받는 곳이라는 것을 언급하기 위해 행사에 참여한 것으로 기억한다.

오늘날에도 국경은 안전함, 축복 그리고 평화의 국경이다. 전세계 민족 유산에 이 장소와 관련된 역사가 적지 않게 보존되어 있다고 믿는다.

그들을 더 모을수록, 그들에 대해 더 깊이 생각할수록, 우리의 풍부한 정신적 문화의 부를 더 잘 이해할 수 있다.

이 세계는 우리 심장에 따뜻함을 준다고 믿는다.

방문 기간동안 우리는 타무랏-케르키치의 자동차와 철교 사업에 관한 기념 행사에도 참석했다.

앞서 언급했던 것과 마찬가지로, 초기에는 동쪽과 서쪽 사람들 사이의 문화 및 교역 협력의 길로 여겨졌던 실크로드 행로가 이곳을 지나갔다.

이러한 역사적 사명으로 우리는 전반적 발전을 도모하기 위해 이 길을 부활시키려고 한다. 고대로부터 우리 민족은 다리 역할을 하고 길을 여는 것을 귀한 일로 여겼다.

이것은 민족의 의식 속에 외부 세계와 친밀한 협력의 중요성에 대한 이해를 넓히는 것과 연관이 있다. 해를 거듭하며 역점을 두고 개혁의 측면에서 진행 중인 것들이 카스피해 지역에 널리 적용되고 있다. 만약 자이훈 강이 이 지역에 세계적 영광을 가져다 주었다고 한다면 그것은 사실일 것이다.

역사에서 지울 수 없는 족적을 남겼

움바르(Umbar) 협곡에 있는 폭포

던 이 강은 친선의 강이다.

심지어 먼 과거의 깊이에서 자신의 시작을 가져오는 유대감과 친선, 협동과 단결의 고귀한 원칙들의 기반에서 지혜와 성실한 노동, 관대와 선량, 성실에 대한 사랑의 표현이 있다.

그 해에 우즈베키스탄 대통령과 함께 한 레밥 주 방문을 통해 매우 중요한 성과를 거두었다.

여기에 내가 그 일 중에 이야기했던 그 전설을 가져오고 싶다.

어느 날 통치자가 수행원과 함께 길을 나섰다. 길에서 그는 여행자를 만났다. 통치자는 여행자에게 물었다.

"내가 그대에게 질문을 해도 되겠는가?" 여행자가 대답했다. "하십시오. 당신은 통치자이고, 그런 권리가 있습니다."

"나에게 말해주게, 여행자여. 어떤 나무들이 가장 단단한가? 어떤 나무들

흥미로운 전설

강기슭을 따라 가는 카라반로

가이나르바바 호수

이 가장 좋은 열매를 주는가? 어떤 나무들이 울창한 그늘을 주는가?" 여행자가 답했다.

"과연 당신이 통치자인 것 같이 평범하지않은 질문을 하시는군요. 제 생각엔 이것은 인간의 운명입니다. 왜냐하면 인간은 태어나고 자신의 혈통을 연이어서 자신의 근간을 강화합니다. 그리고 더 오래 그의 혈통을 연이을수록, 그의 그늘은 더 울창하게 됩니다."

통치자가 말한다.

"그래, 그대가 옳게 말했다. 나도 자네에게 동의하네. 이제 나에게 이런 질문이 있네. 나에게 말해주게. 그럼 어떤 꽃이 세상에서 가장 아름다운가? 그리고 어떤 꽃이 가장 훌륭한 냄새를 가졌는가? 또 어떤 꽃에서 매우 강한 매력이 나는가?" 여행자가 대답했다. "존경하는 통치자시여, 만약 우리의 전통과 특성에서 나온다면, 그렇다면 이 꽃은 목화입니다. 그는 가장 아름다운 꽃과 같이 피기 때문입니다. 하지만 가장 유용한 것은, 인간이 태어났을 때, 목화도 그와 함께 싹이 틉니다. 그래서 저는 우리를 위해 세상에서 목화가 가장 매력적인 꽃이라고 생각합니다."

여행자의 답을 들은 통치자는 원정을 가지않게 되었다. 그는 되돌아가서 모든

목화꽃

자신의 부를 자신의 백성들에게 골고루 나누어 주었다. 백성들은 그에게 근면함과 다른 좋은 행실로 응답했다. 이 통치자덕분에 백성들도 부유해졌다.

아물에서 북쪽으로 향하면 카라반들은 호레즘 땅에 들어간다.

첫 번째로 도착하게 되는 곳은 오늘날 다야하틴(Dayahatyn)이라고 알려진 곳으로 후에 도시가 된 타히리에의 라바트가 있다.

연구가들은 이곳에 만들어진 첫 번째 카라반 사라이를 9세기로 추정하고 타히르 왕조, 타히르 알-후세인(Tahir al-Hussein)과 연관 짓는다. 그 당시에 이곳은 거대한 숙소였다.

그곳에는 육로를 다니는 카라반들 뿐만 아니라, 강물길을 따라간 상인들도 남아 있었다. 여기서 왼쪽 강변에서 오른쪽으로의 운송이 제도화되고 작은 도시들이 생겨났다.

멀리서 보이는 외션의 당당함이 그의 핵심이 되었다. 사막에서도 강가쪽에서 봐도 견고한 카라반 사라이 다야하틴은 좋았다. 하지만 이 장엄한 유적이 위치한 현재 비라트의 토착민들은 종종 흥미로운 전설을 이야기하면서 다야하틴이 아니라 바이하틴(부유한 여인)이라고 부른다. 그것은 지역통치자의 덕망 높은 아내에 대한 이야기이다. 친구의 간교함으로 인해 통치자는 자신의 아내를 간통으로 의심하게 되었다. 터무니없는 상상으로 모욕감을 느낀 남편은 금욕적이고 가난한 수도사 차림으로 집을 떠났다.

바이하틴은 오랜 시간 남편이 돌아오길 기다렸고, 그의 고행을 덜어주기위해 사막에 견고하고 아름다운 카라반사라이를 짓기로 결정했다. 좋은 진흙이 가까운 지역에 없었기 때문에, 메르브에서 제조한 벽돌을 여인들이 손수 건설지로 옮겨 왔다. 이 일을 수행하는 인부들 가운데에 세상을 방랑하다가 고향으로 돌아온 그녀의 남편도 있었다.

일의 진행을 살피던 바이하틴은 남편을 알아보았지만, 비밀스러운 차도르로 자신을 알리지 않았다.

그녀는 잔치를 벌이고 남편을 초대했다. 그리고 거기서 비유적으로 남편이 한 오해에 대해 알렸다.

결국 행복한 결말로 끝이 났다는 설화이다.

카라반 사라이 건축에 대해 기록은 없다. 역사적 비문도 없다. 그것의 건립시기에 대해서 학자들은 유적 연구를 기반으로 추정할 뿐이다. 학자들은 그 건설된 형태를 보고 위대한 셀주크 시대인 9-12세기로 결론을 내렸다.

아물에서 서쪽방향으로의 길은 메르브로 이어진다.

이 길은 험준한 카라쿰 사막을 넘어야 하는데 대략적으로 20km에 달하며, 카라반들은 6일 동안 사막을 건너야 했다.

이 실크로드의 중요한 부분에서 어떤 비슷한 길과 눈에 띄는 마을이 없지만, 충분한 수의 카라반 사라이들과 카라반의 휴식과 숙박을 위한 더 작은 처소들이 있었다. 그러나 이것들은 오래전에 거의 파괴되었다. 부분적으로 완전히 흐트러지거나 혹은 모래에 의해 매몰되기도 했다. 하지만 궤도가 잘 보존되어 있어서 거의 모든 경로를 잘 조사할 수 있었다.

활발한 무역이 이루어진 시기에 아물에서 메르브로 가는 길은 사막지대가 되었고, 상인들은 그 길을 '아물 사막'이라고 불렀다. 사막은 물이 적을 뿐만 아니라 동물들에게 부족한 목초와, 그리고 동시대인의 말에 의하면 통과하기 어려웠다.

그리하여 동방의 지리학자들이 언급한 바와 같이 이곳에는 정비가 잘 되어 있고 견고한 처소들이 세워졌고, 주요 야영지 사이에 있는 카라반 쉼터들이 반나절거리에 세워졌다.

투르크메니스탄 사막

제2장

고대 메르브(Merv)

대도시에서 원정

서쪽 고대 그리스 로마 시대에 '모든 길은 로마로 통한다'라는 격언이 유명했던 것과 마찬가지로, 중세 동쪽에서 '모든 길은 메르브로 통한다'라고 자신있게 말할 수 있었다. 그렇다면 메르브(Merv)는 어떤 도시였을까?

오늘날 메르브는 방벽과 궁전들, 몇몇 사당과 흙으로 만든 민가 유적, 정원 누각인 임파라트(ymarat)와 신비한 평야가 산재해 있고 개간한 경작지, 그리고 현대적인 마을들로 둘러싸인 눈 저장고인 부즈하나(buzhana), 남쪽에는 바이라말리(Bairamali)라는 구역이 강한 인상을 준다.

중세 시대 이 지역 인구가 일부의 추정에 따르면 100만 명을 초과했다고 하는데 이것은 상상하기조차 어렵다.

지난 천년 동안 안개에 휩싸인 것처럼 메르브의 과거는 신비롭다. 심지어 도시의 연령에 대해 과학적으로도 일치된 의견이 없다.

확실히 알려져 있는 것은, 메르브는 새로운 시대가 도래하기 훨씬 전에 마르기아나(Mergiana) 주의 번영한 수도이자 카라반로의 중요한 거점이었다는 것이다.

중세 시대 메르브는 샤이잔(Shahi-jan)이라는 특이한 별칭을 얻었는데, 이것을 문자 그대로 번역하면 '왕의 영혼'이라는 뜻이다. 다른 호칭은 중세 연대기에서 수여받은 것인데 '호라산 모든 도시들의 어머니' 그리고 '평화를 기반으로 한 도시'이다.

고대 도시들 가운데 그렇게 특별한 칭호를 받은 도시를 찾아 볼 수 없을 것이다.

가장 전성기를 이룬 시기에 메르브는 이전의 중앙아시아에서 가장 완벽한 고대 대도시였다.

심지어 그와 인접한 유명한 도시인 사마르칸트와 부하라, 바라흐샤(Varahsha)와 펜지켄트(Pejikent)는 지방 도시에 불과할 정도였다.

조로아스터교 기록에 따르면 메르브는 헤라트(Herat)와 발흐(Balkh)같은 도시들 다음으로 고대 세계에서 세 번

메르브 바자르

째로 풍요로운 도시에 속했다.

고대 메르브는 상인과 학자들의 도시로 불렸다.

시냇물같은 좁은 길들이 사람이 많은 바자르로 모여들었다.

다채로운 무리 중에는 흔들거리는 다양한 색의 터번, 터키모자, 찰마(회교도 머리수건), 츄베이카(중앙아시아 사람들의 수놓은 작은 둥근 모자), 첼펙(중앙아시아 전통적 남성 털모)을 쓴 사람들과 점성가들의 날카로운 고깔들이 보였다.

여기에 있던 다양한 나라 출신의 사람들은 무언가를 팔고, 사고 혹은 교환하기 위해서 이른 아침부터 바자르 광장으로 모여들었다.

바자르에서 모든 것을 사고 팔 수 있었다. 무엇이 이 거대한 매매를 가져왔을까? 낙타들이 혹을 흔들면서 어떤 보물들을 가지고 왔을까? 힌두쿠샤 산맥 때문에 먼 중국과 이야기속 인도에서, 그들은 매우 화려한 비단들을 가져왔다.

오직 인더스강에서만 물방개가 자라는데, 그것의 색에서 가장 깨끗한 푸른 안료를 받을 수 있다.

그것을 '인디고 색'이라고 부른다. 인디고 색의 실크를 입는다는 것은 가장 높은 신분을 나타내기 때문에 사람들은 영광으로 여겼다.

공예품으로 유명한 델리와 캘커타는 훌륭한 안료를 만들 수 있었다.

해양 갑각류에서 선홍색과 심홍색을 얻을 수 있었고, 하늘색 청빛에서 군청색을 얻을 수 있었다.

아무도 황토, 청금석, 사산화삼납 진사에서 더 선명한 안료를 얻는 방법을 몰랐다.

인도 상인들은 산호 뭉치를 거스름돈으로 주었고, 그대신 상아는 금 무게로 값을 매겼다.

또 다른 종류의 상품은 중국에서 온 것들이다.

첫 번째로 중국 도자기이다. 도자기의 표본은 고고학자들에 의해 지금까지도 고대 메르브 유적지에서 발견되고 있다.

오직 만리장성 뒤에서만 제조술의 비밀을 소유했고, 오랫동안 아무도 우아한 그림이 있는 눈부신 백색의 찻잔들과 화병들에서 변형된 점토의 비밀을 눈치챌 수 없었다.

도자기를 만들기 위해 텅스텐의 파란빛과 노랑빛이 채색 재료로 쓰였다.

그것들은 황옥석 즉, 텅스텐이라는 광물에서 얻었다.

중국 도자기의 제조 비밀은 공개되었

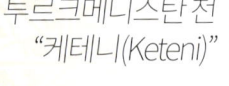
투르크메니스탄 천 "케테니(Keteni)"

음에도 불구하고, 내열성 텅스텐 안료를 얻는 방법에 대해서는 알아내지 못했다. 그것의 비밀은 영영 알 수 없게 되었다.

메르브에서 중국인들은 인삼 뿌리, 마랄 뿌리, 녹용, 비소, 사자 담즙, 원숭이 간, 서하 대황으로 만든 담금주, 진정제 흰독말풀 뿌리, 진정작용이 있는 붓순나무, 고무와 염화암모늄 합제, 화장연고 등 치료에 좋은 약초를 팔았다.

비잔틴에서 온 상인들의 물건들로는 몇 가지 실로 무늬를 넣은 다채로운 비싼 벨벳과 투명한 신부 베일, 은세공품, 금실로 짠 비단 문직을 짜놓은 것들이 있었다.

하지만 무엇보다 메르브 시장에서 목화로 만든 천이 있었다.

개별 천 모양 가공에서 지역 장인은 아주 높은 솜씨에 도달했고 귀족과 술탄을 위해 그것으로 옷을 만들었고 문직의 가격으로 구입했다.

힌두교의 가게에는 캐시미르와 투르크 실크와 함께 바르디(Bardi)라는 장인이 만든 고품질의 옷이 있었으며 어두운 체리색으로 부르고뉴(burgundy)라고 불리는 옷감과 플랑드르, 안개 도시 알비온(Albion)에서 온 모직물도 있었다.

또한 투르크메니스탄 카스피해 연안 지역에서 운반해온 페르시아산 물건들도 있었다.

아랍 원류에서 주택 조명, 약, 그리고 유향수지를 위해 사용된 오로케이트가 언급되었다.

바스마(두발 염료의 일종), 아무다리아 지역에 사는 아시아 투가이 호랑이의 가죽들, 호박들 그리고 보석들은 이윤을 붙였다.

메르브의 바자르들에는 수입품들만 풍부했던 것은 아니다. 지역 특산물도 적지 않았다.

장터에는 양가죽을 가공해서 지도, 고급 염소가죽 배게, 매우 견고한 쿨라프 가죽으로 씌운 안장, 은 세공 마구들, 가죽 화살통들, 활들, 보석으로 만든 상감자기, 화살, 제른(지름 0.4mm의 볼 형태의 작은 금, 백금 또는 준보석으로 스캔할 때 장식에 납땜한 것), 스칸(얇은 금, 은 또는 구리와이어로 금속 패턴에 납땜, 스캔으로 만든 제품. 여기에 제른과 에나멜을 보충함), 체른(금속에 예술적 가공을 하여 그 위에 새겨진 이미지로, 구리황동으로 만들어진 검은 무광 합금으로 채워진다), 가위, 금속과 나무로 된 세간살이 물건들, 색유리, 투르크인들이 중국인에게 제조하는 것을 가르쳐줬던, 얇은 실크, 목화씨, 치료약, 린넨

메르브에서 발견된
장신구와 쿠브신들

천을 팔았다.

특정한 장소에서는 가축을 사고 팔기도 했다. 하루에 낙타, 말 다수, 특히 양종의 준마들 500마리가 거래되었다는 것은 잘 알려져 있다. 하지만 가장 수요가 많았던 것은 투르크멘의 면양이었다.

메르브는 바자르 하나로 명성을 얻은 것이 아니다.

여러 시기를 거치면서 통치자 하에 금, 은, 그리고 동화가 주조되었다.

수세기에 걸쳐서, 이것은 아시아에서 가장 중요한 야금 공업의 중심지 중의 하나였다. 서쪽 술탄 칼리 변두리에서 고고학자들이 완벽한 지구를 찾아냈는데 그곳에서 한 때 밤낮으로 용광로를 피웠다는 흔적을 발견했다.

메르브의 수공업자들은 용해, 주조, 그리고 단련으로 고온의 금속 다루는 것에 능통했다.

야금공들은 금속 제련과 합금을 얻는 데 큰 성공을 거두었다.

메르브 장인들의 구리 공예품들인, 쿠브신(손잡이가 달린 항아리), 화장품 보관함, 등잔 치락(오일 램프), 무기용 장신구, 옷과 마구 등 여러 가지 물건들이 전 세계로 팔려 나갔다.

이 공예품들은 높은 예술적 단련과 주조 작업이 특징적이다.

메르브에서는 누에나방들도 일했다. 어떠한 이유에서인지 견방직은 중국 장인들만의 독점이라고 여긴다.

전혀 그렇지 않다. 중국인들은 자신들의 솜씨를 비밀로 간직하지 못했다.

메르브에는 견사를 뽑는 일에 중국 직공들의 기술을 모방한 숙련된 기술자들이 있었다.

도시로 공급되는 마잔과 라직의 관개 수로를 따라 뽕나무들이 많이 자라고 있었고. 거기에 사람들은 누에를 길렀다.

고치에서 켜낸 견사는 가장 얇은 무슬린, 가장자리를 꿰매거나 불투명한 배경에 무늬가 있는 감이 좋은 태피터, 술탄 침실의 왕좌, 특등석의 장식을 위해 사용되는 천개를 제조했다.

메르브산 실크는 금사로 짠 중국과 인도 문직과 비잔틴 홍포에 거의 뒤지지 않았다.

카라반 무역 당시 금은 세공술은 중요한 기술을 얻었다. 투르크멘의 금세공인에게 귀금속 재료 가공장은 과거에 중요했고 장인은 그들을 오늘날까지 보존했다.

작고 휴대 가능한 도가니의 도움으로 그들은 금속에 필요한 모양으로 금속을 녹였다. 귀금속 장신구 제작 장소에서 원석 연마가 이루어졌다.

투르크메니스탄 금세공인들은 많은 돌들을 다루었는데, 가장 선호하는 재료는 홍옥이었다.

금세공인들이 특별한 애착을 가졌던 것은 체르녜니에(은, 귀금속으로 만든 것을 검게 칠한 것. 예술적인 요소나 결점 은폐를 위해 사용됨)와 은도금이었다.

그것들의 비밀들과 비결들은 대대로 전해졌다. 알려진 바와 같이, 위대한 막툼굴리도 귀금속 장인이었다.

고대 메르브의 일반인은 다른 수공예 다수를 할 줄 알았다.

아주 오래 전에는 대장장이, 무기를 제작하는 사람과 갑옷을 만드는 사람, 책과 문서 필경사, 도공, 방적공, 재봉사, 마구 제작자, 구두장이 유르트, 물레방아 양수 장치를 만드는 사람들이 귀했고 존경을 받았다.

보통 장날은 11세기에도 그랬지만, 21세기인 지금도 새벽부터 시작된다.

시장에 있는 사원의 미나렛에서는 무예진(회교 첨탑 위에서 기도 시간을 알려주는 사람)이 신자들에게 첫번째 정시 기도를 알렸다.

불을 파는 상인은 항시적인 구매자들에게 구워진 숯을 전달했고, 이윽고 바자르 광장으로, 셀주크 술탄의 궁인 샤흐리아르 아르크의 정원으로, 긴 카라반

투르크메니스탄 요리

행렬에게, 곡선과 도시대로의 좁은 거리를 따라 모든 다른 냄새들을 넘어서 곡물에 풍부한 향이 나도록 했다.

탄두르(빵을 굽는 가마) 속에서 레뾰쉬까(둥글고 납작하게 생긴 빵)들이 떨어지기 시작했다.

하지만 갓 구운 빵은 모두에게 충분하지 않았다. 가난한 농가의 아침식사는 녹두 한줌과 참기름으로 양념한 끓인 국, 대두, 쿠르트 한 조각과 뜨거운 차로 구성되었다.

반면에 부유한 도시민들은 아슈하나 바자르(식품시장)에서 얻은 식재료로 식탁의 풍성함을 나타냈다.

그리고 차이하나(중앙아시아식 찻집)의 찻주전자에서는 김이 났다.

바로 옆에서는 솥의 크기에 따라 여러 가지슈르파와 쁠로프를 끓였다.

양한 맛을 지닌 할바(으깬 깨나 아몬드, 해바라기 씨 따위를 시럽으로 굳힌 터키, 인도의 과자)도 있었는데, 참깨, 호도, 땅콩, 포도주스, 꿀, 아몬드가 섞인 양고기 기름으로 맛을 냈다.

이쥼(Izyum) 시장에는 말린 과일 뿐만 아니라 신선한 과일들이 가득했다.

이쥼 시장에는 건조하고 신선한 과일들이 가득했다.

샬라 시장에는 하얗고 분홍색인 붉은

가을 밀, 보리, 사료용 곡초, 호박색 수수가 들은 자루들이 가득 놓여 있었다.

이미 여러 종의 벼과 채소의 품종은 사라졌지만 고고학자들이 유적지 근처에서 그것들의 흔적들을 찾고 있다.

이제 이 모든 거대한 도시를 주목하여 둘러보자.

도시의 가장 오래된 부분은 에르크 갈라(Erk gala)인데 거기에 갸우르 갈라(Gyaur-kala) 일부가 포함된다.

좀 더 서쪽으로 가면 술탄갈라(Sultan-gala) 압둘라한갈라(Abdullakhan-gala), 바이라말리한 갈라(Bairama-likhan-gala), 그리고 이 도시들로부터 25km 떨어진 곳에 현대적 도시 마리(Mary)가 있다.

오늘날 이 모든 광활한 영토는 마치 야외 박물관처럼 모습을 드러냈다.

우리는 이곳에서 지난 25세기 동안의 역사적 흔적들을 발견할 수 있다.

거대한 영토에 멋진 도시였던 이곳에 개별적인 건축 유적들이 남아 있다.

동방 건축술의 유명한 걸작인 술탄 산자르 사원(Soltan Sanjar Mausoleum)은 그것들 중에 가장 유명하다.

이 장엄한 유산은 술탄갈라의 중심에 세워지고 위대한 셀주크 투르크멘 국가의 마지막 통치자였던 산자르의 생전에 "영생의 집" 같이 건축되었다.

13세기 후반에서 14세기 초반에 살았던 백과사전 저자이자 정치가였던 파 즐랄라흐 라시드 아드 딘(Fazlallah Rashid-ad-din)은 이것을 '세상에서 가장 큰 건물'이라고 썼고, 15세기에 살았던 역사학자 이스피라리(Isfizari)는 "이것은 만유계 장엄한 건축물 중 하나이며 매우 견고하여 그 무엇으로도 훼손될 수 없을 것이다."라고 했다.

산자르 술탄 사원은 몽골의 대학살과 최근의 전쟁들 후에도 무사히 살아남은 얼마 안 되는 메르브 건축물 중 하나이다.

지금도 메르브로 가는 길목에서 그 건축물을 볼 수 있다. 13세기 야쿠타(Yakut)에 따르면, 사원의 푸른 색 돔은 카라반로의 하루거리 정도로 보이는데 약 30km 쯤 된다고 한다.

건물 안에는, 돔형 궁륭 아래에 건축을 지휘한 장인의 이름이 보존되어 있다. 그의 이름은 무함메드 아트시즈아스-사라흐시(Muhammed Atsyz as-Serahsi)이다.

그에 대해서 알려진 바는 없지만 그가 당시 훌륭한 건축가임을 상기하게 한다.

학자들은 외벽 벽돌로 만든 이중 돔 시스템을 고안하면서, 3백년 후에 이탈

술탄 산자르의 사원

리아에 있는 플로렌스 성당 지붕의 겹치기가 이것을 답습한 것임을 밝혀냈다.

어떻게 투르크메니스탄 장인이 메르브에 그러한 기적을 세우는 데 성공했을까?

투르크메니스탄국립대에 필사본으로 보관된 기록물 '글리스탄(Gulistan; 18-19세기)'에 이러한 설화가 있다.

산자르 술탄은 임마르트(건물)을 세우는데 키가 큰 나무들이 필요했다.

마침 메르브에 살고 있는 어떤 여인에게 그런 나무가 있었다. 술탄의 신하는 많은 돈을 제안했지만 그 여인은 양보하지 않았다. 여러 신하들이 시도했으나 여인을 설득하지 못했다.

더 이상 건축을 할 수 없게 되자 술탄이 직접 여인을 찾아 왔다.

그제야 여인은 술탄에게 어떤 대가도 받지 않고 나무를 주었다. 술탄과 신하들 그리고 이웃들을 대접하기 위해 다스타르한(중앙아시아의 식사 테이블. 테이블뿐만 아니라 일반적으로 중앙아시아식 식사를 지칭함)을 벌였다.

이 사원에 얽힌 남다른 설화들이 많다.

그러한 설화 중의 하나로 바로 신이 보낸 여인을 향한 술탄의 사랑 이야기가 있다.

하늘이 산자르 술탄에게 아름다운 아내를 보내 주면서 세 가지 조건을 반드시 지킬 것을 명했다.

첫 번째 조건은 아내가 머리를 빗을 때 그녀를 보면 안 된다는 것이다. 두 번째 조건은 아내가 걸을 때 그녀의 발꿈치를 보지 말아야 한다는 것이다. 세 번째 조건은 절대로 그녀의 허리를 안아서는 안 되는 것이다.

그러던 어느날, 그는 그녀를 열쇠 구멍으로 살짝 들여다 보기로 했다. 그는 아내가 어깨에서 자신의 머리를 빼내서 무릎 위에 놓고 머리카락을 황금 빗으로 빗는 것을 발견했다.

그는 참지 못하고, 진실된 남편처럼, 아내에게 자신의 행위에 대해 이야기했다. 이 말을 들은 아내는 화를 내며 남편에게 떠나겠다고 말했지만 다시는 그렇게 하지 않겠다고 애원하는 술탄의 말을 믿고 남기로 했다.

다시 얼마가 지난 후, 술탄은 아내가 어떻게 걸어 다니는지 궁금해서 들여다 보니 그녀가 바닥 위에서 나는 것처럼 떠있는 것을 발견했다.

그리고 곧 술탄은 아내에게 두 번째 약속을 지키지 못했다고 말했다. 곧 아내는 남편을 버리고 떠났다.

술탄은 고문관들과 성직자들을 모

크고 작은 형태의 기즈갈라들
(Gyz gala)

앉다.

그는 그들에게 그에게 아내가 돌아올 방법을 찾아달라고 부탁했다.

그들은 기도로 술탄이 아내를 다시 찾을 수 있도록 도왔다.

시간이 흘렀다. 호기심이 많은 술탄은 어쩌다 아내의 허리를 안았고, 그녀가 뼈가 없다는 것을 느꼈다.

그 순간에, 아내는 술탄을 영원히 버리고 떠났다. 날아가면서 그녀는 그에게 말했다.

"만약 나를 보고 싶다면, 하늘의 구멍이 있는 곳까지 닿을 수 있도록 높은 사원을 지으십시오. 그러면 그 구멍으로 제가 금요일마다 당신을 만나러 올 것입니다."

이 말에 기뻐하며 술탄은 아내가 말한 대로 사원을 짓도록 명령했다.

사원이 건축되었을 때, 술탄은 돔의 구멍에서 아내를 보았다.

만남은 지속되었다. 마침내 술난은 자신이 곧 죽을 것이라는 사실을 아내에게 알렸다.

남편의 말을 들은 아내가 남편에게 자신의 금 빗을 던져 주었는데 그만 구멍의 벽돌사이로 빠져 버리고 말았다. 술탄은 그 빗을 꺼낼 것을 명했다.

그 후, 그는 아내가 준 황금 빗을 값비싼 궤 속에 넣어 돔의 한 가운데에 묻었다. 거기에는 구멍이 남아 있었다.

산자르 술탄의 사원 돔의 중심에 구멍이 나 있는 것을 볼 수 있는데 사람들은 이것을 이 아름다운 전설과 연결 짓고 있다.

그렇지만 그 건물에 두개의 돔이 있는데 이 돔 사이 공간을 둠으로써 바람이 잘 통하게 하기 위함이라고 생각된다.

사실 바깥쪽 돔은 오래전에 파괴되었고 2004년까지 건축 복원자가 외관을 보호하고 유적의 생명을 연장하기 위해 그것을 완전히 복구시키는데 성공했다.

과거에 사원 옆에 완전한 깨진 벽돌과 돌로 만든 피라미드가 높이 솟아있었다.

설화에 의하면 그것들은 하나의 오래된 풍습 때문에 등장했다고 한다.

성인의 무덤을 방문하는 모든 사람들은 돌을 더미에 던져서 산자르술탄의 원수에 대한 복수를 표현했다. 순례자들은 이 위대한 사원으로 순례 여행을 오고, 다른 나라에서 온 관광객들과 학자들도 이곳을 방문하고 있다.

이제 사원 주위에 이 희귀한 건축적 단지의 진정한 역사를 알기 위해서 고고학 발굴이 이루어지고 있는데, 이 단지의 흔적은 지하에 숨겨져 있었다.

메르브에 관한 중세 시대 자료에 의하면 이곳에 위대한 산자르의 선조들도 매장되어 있다.

그의 증조부인 다부드 차그리벡(Davud Chagrybeg)은 셀주크 제국의 창건자 토그릴벡(Togrulbeg)이고, 그의 할아버지 알프 아슬란(Alp-Arslan)은 이 고명한 왕조의 두 번째 술탄으로 만지기르트 전투(Malazgird battle;1071년) 중에 비잔틴 제국의 황제 로만 디오겐(Roman diogenes)의 군대를 급습하여 투르크멘국의 서쪽 경계를 확장시킨 중세의 가장 위대한 장군이다.

고대 메르브의 유적과 관련되어 전해지는 재미있는 이야기들은 대부분 여인들과 결부되어 있다.

이것은 통치자일수도 있는데 예를 들면, 기즈 비비 사원(Gyz bibi Mausoleum;소녀-숙녀)의 이름을 보면 공주일 수도 있다. 여기에 얽힌 설화는 기즈 갈라(Gyz gala; 소녀의 요새) 유적과 연관이 있다.

전설의 내용은 다음과 같다.

메르브에 살았던 술탄들 중 한명은 딸이 태어나길 바랐다. 그래서 매일 알라에게 그것에 대해 기도했다. 결국 신은 그의 기도를 들어주었다.

술탄의 부인들 중 한명이 딸을 낳았는데 그녀는 자랄수록 더욱 아름다워졌다.

아름다움으로 많은 이들의 사랑과 인기를 한 몸에 받는 공주는 유순한 성격과 사람들을 잘 도와주는 것으로도 유명했다.

어느 날 도시에 점술가가 왔다. 술탄은 점술가를 성으로 불렀다. 국왕의 점을 치던 점술가는 공주의 점도 치겠다고 했다.

돌연 공주의 손을 잡고 점을 치던 점술가가 떨면서 아무 대답도 하지 않았다. 그 이유가 무엇인지를 묻는 술탄의 요구에 점술가는 불행한 공주의 운명에 대해서 털어놓았다.

"이 아름답고 선한 아가씨는 뱀이 물려 젊은 나이에 죽을 것입니다."

술탄은 딸에게 아무것도 이야기하지 않았고 어떻게 불행한 운명을 극복할지 궁리했다.

그는 교외에 아무도 접근할 수 없는 탑을 지어 그곳에 딸과 유모를 함께 살게 했다.

공주는 자신이 왜 갇혀 살아야 하는지 이유를 모르는 채로 슬퍼했다.

어느 날 그녀가 신선한 과일을 먹고 싶다고 했다. 곧 술탄은 그녀에게 포도 바구니를 보냈다.

그런데 그 바구니 안에는 독사가 자

술탄 산자르의 능묘

도하

휴식을 취하는 즐거움

리를 차지하고 있었다. 뱀이 공주를 물었고, 공주는 그렇게 죽고 말았다. 이것을 알게 된 왕은 그 자리에서 슬픔을 이기지 못하고 죽었다.

이 탑은 '기즈 갈라'라는 명칭으로 보존되었다.

기즈 갈라에 대한 또 다른 전설이 있다. 이야기의 내용은 이러하다.

한 베크가 서로 사랑하는 마음을 확인한 칸(왕)의 딸을 아내로 삼으려했다.

하지만 칸은 이 결혼을 허락하지 않았다. 그래서 칸은 메르브 근방에 요새를 만들어 그 안에 딸을 가두었다.

베크는 요새를 포위했다. 하지만 그것을 점령할 수 없었다. 칸의 딸은 남몰래 그에게 어떻게 요새를 점령하는 지 알려주었다. 베크는 요새를 점령했지만 그녀와 결혼하지 않고, 대신에 아버지를 배반했다는 이유로 그녀를 죽였다. 그때부터 이 요새를 마이덴의 성(Maiden's castle)이라고 불렀다.

이 전설은 아버지에 대한 사랑과 헌신이 연인에 대한 사랑보다 더 중요하다는 점에서 흥미롭다.

그 외에도 아버지를 배반한 여자는 당시 조국도 배신했기 때문에 애국심이라는 법률적 해석까지 확장할 수 있다.

또 다른 다른 전설에 따르면, 오래전에 기즈 갈라와 기즈 갈라 유적들 옆에 위치했던 것들로 기즈갈라(소녀의 요새)와 이기트 갈라(소년의 요새)라고 불렸는데, 당시에 한쪽에는 결혼하지 않은 여인들과 다른 한쪽에는 결혼하지 않은 젊은 남자들이 살고 있었다고 한다.

만약 사내들 중 누군가가 사과를 던져서 소녀 탑에 다다를 수 있다면 그 탑에 사는 여인 중에 맘에 드는 여인을 아내로 맞이할 수 있었다.

이러한 배경으로 돌팔매질이 생겨났다는 이야기가 있다.

큰 기즈 갈라에서 멀지 않은 곳에 위대한 셀주크 시대의 건축 유적이 있다.

이것은 선지자 후손 중 한명인 무함메드 이븐-제이드(Mohammed ibn-Zeyda)와 관련이 있다.

이 전설적인 이슬람 역사에 나오는 인물의 이름은 기념비 내부를 장식하는 웅장한 아랍 문자로 장식되어 있다.

하지만 투르크메니스탄의 전통에서 그를 다르게 불렀고 선지자 사촌의 조카가 살았던 7세기에 무함메드 하나피야(Mohammed Hanapiya)의 묘지로 생각했다.

우리의 구비문학에는 데스탄 "무함메드 하나피야"(Mohammed Hanapiya)가 있는데, 사람들은 환상을 가지고 멀리 있는 시대의 사건들을 그 자신의 방식으로 설명한다.

사람들은 선지자 무함메드가 룸(Rum)의 왕에게 전쟁을 선포한 것이라고 말했다. 그는 알리(Ali)를 지휘관으로 임명했다. 룸의 왕이 포로로 잡혔다. 하지만 하나피야라고 불렸던 그의 딸은 항복하는 것을 원하지 않았다. 3일 밤낮으로 알리와 하나피야간의 전투가 계속되었다.

넷째 날에 알리는 신에게 도움을 청했고 마침내 여인을 물리쳤다.

팔을 묶어서 그는 하나피야를 선지자 무함메드에게 데려갔다. 선지자가 그녀에게 호소했다.

"왜 그대는 그렇게 완강히 저항했는가? 이제 그대는 무슬림이 되어야만 한다."

하나피야가 대답했다.

"만약 내가 제시하는 세 가지 내 조건을 들어 준다면 무슬림이 되겠습니다.

첫 번째는 알리가 나와 결혼해야 합니다. 그가 나를 처음으로 포로로 잡았기 때문입니다.

두 번째는 알리가 나와 결혼했을 때, 당신의 딸 비비 파트마가 슬퍼하거나 원망하지 않게 해 주십시오.

세 번째는 만약 우리에게 아들이 태어나면, 당신과 나의 이름으로 불리게 해 주십시오."

선지자는 그녀의 조건을 받아들였고 여인은 알리와 결혼했다.

아홉 달하고 9일이 지났다. 하나피야에게 아들이 태어났고 무하메드 하나피야라는 이름을 얻었다.

소년이 4살이 되었을 때, 그는 물라(mullah, 이슬람교 법과 교리에 대해 정통한 사람. 이란과 중앙아시아에서는 종교 학자나 성직자에게 붙이는 칭호)에게 교육을 받았다. 소년이 7살에 이르자 그에게 여행할 능력이 있었다. 그는 어머니에게 가서 말했다.

"어머니, 저는 세상의 아름다움에 관심이 많습니다. 그래서 산, 사막, 평야 그리고 집 아궁이에 앉아서 알 수 없는 모든 것들을 보고 싶습니다."

"어허, 내 아들아, 너희 아버지에게는 적이 많단다. 만약 그들이 네가 우리에게서 멀리 떨어져 있다는 것을 알게 된다면 반드시 너를 붙잡을 것이다. 그러니 너는 고향집을 떠나서는 안 된다!"

그때 알리가 집에 들어오면서 아내와 아들이 근심에 잠긴 것을 보았다.

"무슨 일이야?"

하나피야가 남편에게 아들과 대화를 들려주었다.

알리는 아들을 바라보았다. 그러자 연민이 그의 정신을 붙들었다.

그는 아들의 의사를 반대하지 않기로 결정했다. 그리고 아들에게 다음과 같은 당부를 했다.

"내 아들아, 네가 어디에 있든지, 알라가 너와 함께 있기를."

알리는 재빠른 준마를 데리고 왔고 아들의 머리에 금관을 씌웠다. 메디나의 대문을 지나서 배웅했다.

무함메드 하나피야가 막 길을 떠나는데 그를 향해 사냥에서 돌아온 이맘하산과 이맘 후세인 형제가 다가왔다.

그들은 아내 비비 파트마에게서 난 알리의 아들들이었다.

이맘 하산이 어린 동생에게 말을 걸었다.

"어디로 가려고 하느냐? 무엇을 하려고 하느냐? 무엇을 꿈꾸고 있느냐? 우리에게 말해다오. 우리가 네 옆에 있을 테니"

이맘 하산이 오랫동안 이야기했고, 이맘 후세인은 어린 동생이 혼자 가는 것을 허락하지 않고 집에 들러 모두 함께 길을 떠나는 것을 허락 받았다.

그렇게 세 왕자는 긴 여정을 시작했다. 그들은 3일 밤낮으로 갔다. 낮엔 평야, 사막, 산에 도취되어 보았다.

카라반은 길을 떠났다

그리고 거기서 그들은 갈림길에 놓였다.

세개의 길이 다양한 방향으로 갈리고, 각각의 길에 돌이 놓여 있다.

그 돌들에 글이 새겨져 있었다.

"오른쪽으로 가는 이는 살아서 그리고 건강하게 여기로 돌아온다. 똑바로 가는 이는 언젠가 뒤로 돌아올 수도 있다. 왼쪽으로 가는 이는 영원히 돌아오지 않는다."

무함메드 하나피야는 형들에게 호소했다. "내가 왼쪽 길로 가게 허락해줘!" 형제들은 그를 저지하지 않았고, 충고를 주었으며, 완전한 삶의 모험을 향해 홀로 가도록 허락했는데, 그것에 이 유명한 데스탄이 헌정되었다.

오늘날 마리 주는 풍요로운 지역이다. 우리나라에서 가장 거대한 농촌 산업의 생산 가능성이 실현되고 있다.

'마리 아조트(Maryazot)' 사업은 농민에게 필요한 고품질 비료를 생산하는 대규모의 계획이다.

고대 카라반의 행로를 보호하고 있는 끝이 없는 사막은 이제 풍부한 천연 자원을 가진 땅으로 알려져 있다.

다국적 가스 파이프 라인의 국제 에너지 안전성 확보를 위해 투르크 메니스탄이 그 역할을 조정하고 있다.

또한 천연원료의 생산 가공에 대한 전망을 제시한다. 이것은 내가 이 고대 땅에서 일하는 동안 생각하고 있는 것들이다.

고대 도시 마리는 카라쿰 사막과 접해 있다. 주에 세워진 산업 대상들이 지역의 자연적 아름다움에 매우 유해한 영향을 주지 않아야만 한다는 것을 놓치지 말아야 한다.

지평선까지 뻗은 황색 사막의 형상으로, 사람의 마음에 비슷한 무엇인가 있다. 신선한 공기, 독창적 식물계와 동물군, 아름다운 풍경, 이 모든 것이 학자들과 여행자들의 관심을 끈다.

카라쿰 사막은 불가사의가 가득 차 있다. 나는 우리 각자가 우리 조상들이 자신들의 마지막 안식처를 발견한 성스러운 땅을 존경하는 것이 의무라고 생각한다. 카라쿰 사막을 포함하여 세계 문화유산 목록에 미래 세대를 위해 이 자연 환경을 보존할 기회가 늘어났다.

이 책을 읽는 이들은 나의 저서인 『투르크메니스탄 약용 식물』에 대한 아이디어가 우연히 생긴 것이 아니라는 것을 알고 있을 것이다.

이 책에 필요한 정보를 얻기 위해, 이러한 자연 환경의 생물학적 구성 연구 분야에서 모든 경험을 모을 것을 요구했다.

그 때 이전 학자들에 의해 우리에게 남겨진 각 식물의 효용에 대해 연구들과 지식들이 있었다. 이 지식들을 확장 시켰던 우리는 그것들을 우리들의 후손들에게 유증한다.

세계를 돌아다니면서 여행자는 그가 길에서 만나는 모든 것에 대해 이야기한다. 우리 선조들은 항상 무언가 새로운 지식에 대한 열망이 특출했다.

우리의 속담에도 이런 것이 반영되어 있다. "스스로 먹고 마시라. 그러나 본 것들과 들은 것들은 다른 이들과 나눠라" 카라쿰 사막은 언뜻 보기에 황량하기만 하다.

하지만, 한 시인이 제대로 인식했다. "이것은 사막이 아니라 사납게 날뛰는 대양이다" 그래서 나도 모든 친척들, 주민들, 재능 있는 사람들로부터 들은 모든 것을 작은 것이라도 모은다. 최소한 나는 이 이야기들을 절대 잊지 않을 것이다.

그리고 그렇게 모은 이야기의 양이 적지 않다. 언젠가 나는 그것들을 한 권의 책으로 모을 것이다. 조국을 향한 사랑은 한계가 없기 때문이다. 나는 유적, 사상, 재능, 지혜의 가치가 존재하는 정신적 가치를 보전하는 것이 우리에게 중요한 과제라고 생각한다.

이러한 목표로 나는 다양한 정보를 모아 저술하고 연구하는 것에 힘을 다할 것이다.

한 때 투르크메니스탄 영토에 이동도서관들이 있었다. 니사 왕국에서부터 쿠냐 우르겐치에, 아물에, 데히스탄에 그리고 고대 메르브 등지에 대규모 도서관들이 있었다.

책이 비쌌기 때문에 책을 운송하는 카라반의 카라반바시들은 반드시 극도로 경계를 게을리 하지 않아야만 했다.

2011년에, 투르크메니스탄이 중립국임을 선포하는 전야에 고대 도시 마리에 의미 있는 현대식 도서관을 개관했.

책은 이전에도 그리고 지금도 우리 민족의 삶에서 주요한 자리를 차지하고 있다는 것을 언급하고 싶다.

투르크메니스탄 가정에서 익숙한 현상에 관심을 가져보라.

값을 매길 수 없는 선물 같이 우리는 선조들로부터의 학자들이 책에 서술한 사상들을 받아들인다.

덕분에 정신적 유산과 관련 있는 우리 민족의 현명한 원칙들은 오늘날까지 옳다. 우리 생활을 예로 들면, 부모와 대화에서 아이들은 진심으로 자기 이야기의 영웅을 경험한다.

시장에서 만남

그 다음, 이 교훈과 이야기는 한 마을, 한 주, 혹은 한 국가의 범위에 국한하지 않게 된다.

인류의 정신적 가치의 보고에서 고대 사상은 세계 사상가들이 남겨준 현명함이다.

한번 벌써 책에 대한 이야기가 거쳐 갔고, 누르미라트 사리하노프(Nurmyrat Saryhanov)가 쓴 「책」 이야기를 반드시 상기하지 않아도 된다.

「평화의 음악, 친선과 유대감의 음악」에서 나는 정신적 유산을 전하는 것이 어떤 의미인지 더 정확히 기술했다.

여기 유명한 아랍 하자 야쿠트에게 메르브의 도서관에 관련된 어떠한 기억들이 있다. "내가 메르브를 떠났을 때 거기엔 대규모 도서관 10개가 있었다. 전 세계를 돌아다니면서, 나는 어디서도 더 이상 그러한 멋진, 그만큼 풍부한 도서관을 만날 수 없었다.

이 책들을 향한 사랑은 나를 모든 다른 도시들에 대해 잊게 했다. 그것들은 모든 내 상상을 차지했고, 나는 가족과 아이들에 대한 생각마저 잊었다."

오늘날 우리는 우리 민족의 역사에 지울 수 없는 흔적을 남긴 과학적 그리고 문화적 중심의 부활을 연구하고 우리

손님맞이

겨레(특히 젊은이들)의 지식에 대한 갈망을 자극한다.

책은 지식의 원류이다. 그래서 책을 보관하는 도서관에는 다양한 정보를 분배하고, 과학과 기술, 문화와 예술의 성취를 대중화하는 광범위한 일들이 진행된다.

오늘날 우리나라의 도서관들은 민족의 문화적 단계의 상승과 그것의 정책적, 미학적 그리고 도덕적 소양의 완성을 촉진한다.

이것과 관련하여, '한 세기를 살고 한 세기를 배워라'라고 말하는 민족의 현명함을 기반으로 우리도 장차 우리나라에서 과학과 교육의 발전에 중요한 역할을 하는 도서관 업무 완성에 중점을 둘 계획이다.

이것은 내가 마리 주 도서관 개관식에서도 언급했다. 풍부한 역사를 가진 이 그림과 같은 지역에 머물렀던 카라반들은 먼 나라들로 자신의 여행을 계속했다.

이 아름다운 학자들과 시인들의 나라에서 아직 기적이 적지 않다.

여기에 방문했던 카라반들은 여정으로 피곤해졌다.

하지만 이 땅에 그들은 가벼운 마음으로 버리고 간다. 이제 그들은 먼 국가에 마리 도시에 대한 긴 이야기를 가져간다.

제3장

사라흐스(Serahg)와 아나우(Anau) 사이

하틴(Pulhatyn)다리

서쪽 방향 실크로드는 메르브에서 고대 중세 시대에 큰 도시인 사라흐스(Serahs)로 간다.

길들은 거기서 니샤푸르(Nishapur), 헤라트(Herat), 그리고 니사(Nisa)로 이어진다.

11-12세기에 사라흐스는 셀주크 투르크국에 복속되어 특별한 영광을 손에 넣었다.

그때 이곳에 유명한 건축 학교와 이슬람 지역 곳곳에 아름다운 건축물들을 세웠던 장인들이 넘쳐났다.

가장 유명한 사원으로는 사라흐스 바바(Serahs baba), 루크만 바바(Lukman baba), 야르티 굼베즈(Yarty Gumbez), 먀네 바바(Myane baba)이 있고 자르쿠르간 미나레트(Jarkurgan minaret), 메르브에서 가장 유명한 술탄 산자르 사원, 그리고 사라흐스에서 니샤푸르로 가는 길에 있는 라바트 쉐레프 카라반 사라이 등이 있다.

사라흐스의 성벽 쪽 묘지에 셀주크 건축물의 화려한 모형 중 하나이자 존경 받는 수도승 아불-파즐라(사라흐스 바바)의 사원이 위치해있다.

사라흐스 오아시스에는 떼젠(Tejen) 강을 건너는 다리가 보존되어 있다.

그곳을 풀 하딘(Pul Khatyn)이라고 불렀는데, 번역하면 '여인의 다리'를 의미한다.

다리에서 멀지 않은 곳에 알려지지않은 고대 건축의 유적이 있다.

설화에 따르면 거기에는 마케도니아 알렉산더가 중앙아시아를 정복하기 훨씬 전에 세워졌는데 이곳을 통치하기 위한 어떤 여왕에 의해 세워진 궁전과 같은 것이었다고 한다.

그녀는 비범한 미인이었다. 알렉산더의 행군에 대해 듣고 그를 빨리 만나고 싶어서 강을 건널 수 있는 다리를 세울 것을 명령했다.

그 다리를 통해 위대한 사령관은 어려움 없이 강을 건널 수 있었다.

그 아름다운 여왕의 이름은 이미 오래 전에 잊혀 졌지만 다리는 영원히 그녀를 떠올리게 한다.

또 다른 전설에 의하면 그 일은 훨씬 이후에 있었던 일이다. 투르크멘 사람들에게 미랄리(Myraly)와 헤라트의 군주 후세인 바이카라(Hussein Baykara; 투르크메니스탄 구전으로는 술탄 소윤)로 불리 우는 위대한 시인 알리세르 나보이(Alisher Novai; 헤라트 정치가이자 위구르 전통 시인)와 관련이 있다.

전설에 의하면 술탄 소윤과 미랄리는 자신의 군대를 이끌고 이란으로 행군했다.

더운 여름이었고, 떼젠강은 바싹 말라 있었다. 그래서 강을 건너는 일은 전혀 어렵지 않았다.

그때 강의 수원지에 부유한 여인이 살았고, 그녀는 술탄을 돕길 원했다.

술탄이 행군에서 돌아올 때를 대비하여 근방에서 가장 뛰어난 장인들을 초청해서 강을 건널 수 있는 다리를 세울 것을 명령했다.

몇 달 뒤, 회군하는 군대가 강에 도달했다. 강은 물이 가득 차 있었다.

한참 어떻게 다리를 건널 수 있을 지를 탐색하는 도중에 술탄은 다리를 발견했다.

미랄리는 누군가 이것을 세웠다는 것

사라흐스 바바

사라흐스 바바 사원 부근에

옛 사라흐스 시

하틴(Pulhatyn)다리

먀네바바 사원

을 알았다. 술탄 소윤은 지방의 부호의 도움을 청하기로 결정했다고 했다.

"이 다리를 건너 왕의 위엄을 훼손하는 것보다 물에 빠지는 게 더 나을 것입니다."

술탄 소윤도 그의 말에 동의했다.

부하들에게 헤엄쳐서 강을 건널 것을 명령했고 성공적으로 통과했다.

오직 한 군인만 빠져 죽었는데, 그의 말의 옷이 검은색이었기 때문이었다.

민족의 설화들은 사라흐스의 기원을 전설적인 투란의 왕 아프라시아브(Afrasiab)의 이름과 연관 짓는다.

그는 지혜로웠고 행실이 경건했다.

설화에서 말한다. "여기 아프라시아브에 건설된 도시는 7개의 문을 가졌다.

이것은 수공업자들, 장인들, 그리고 학자들의 도시였다.

거기에는 훌륭한 바자르들이 위치했는데, 세계 각지로부터 카라반들이 가져온 물건들로 이루어졌다.

몇몇 메드레세(회교의 최고 학교)와 가장 크고 가장 아름다운 회교 사원이 있었고, 도시는 정원으로 둘러싸여 있었다.

도시 요새 내부의 중앙문을 둘러싸고

아주 크고 깊은 구덩이를 파냈다.

적의 습격에 대비하여 이 구덩이에 물을 채워 넣었다.

싸움이 최고조에 달했을 때 요새의 중앙 문이 열리고 돌진한 적의 기병대를 그 깊은 웅덩이에 빠뜨릴 수 있었다.

수세기 동안 이 경탄할만한 도시는 번영했고, 도시의 명성도 세계 각지로 상인들에 의해 전파되었다.

칭기스칸의 대군만이 동시 방어시설의 비밀을 풀고 점령할 수 있었다."

사라흐스로부터 북서쪽으로 꽤 거리가 멀었음에도 불구하고 11세기 후반에 생겨난 도시 먀네(Myane;메흐네)가 있다. 작지만 꽤 알려진 도시였다. 한 인물 덕분에 무슬림 세계에서 큰 명성을 얻었다.

그는 바로 위대한 수피즘의 장로인 아부 사이드 아불 하이르(Abu Said Abul Hayr)인데, 그의 명성은 정확히 천년이 지난 지금까지도 광채를 잃지 않았다.

투르크멘인들은 아주 오래전부터 그를 먀네 바바라고 불렀다.

그의 생애에서 먀네는 상당히 부유한 농업지구 중심이었고, 거기에도 바자르와 몇몇 카라반 사라이가 존재했다.

모서리에 포탑이 있는 직사각형 요새 모양으로 거점을 가졌다. 지금은 고베클리 데페(Gobekly depe)로 불리우는 커다란 언덕이다.

먀네 바바는 수피스들을 위한 하나가(수피즘 수도원)를 세웠다.

유명한 고베클리데페 이름하에. 그 권리에 먀네 바바는 수피스들을 위한 하나가(수피즘 수도원)를 세웠다.

먀네 바바는 많이 여기저기 여행했고, 다양한 도시에서 당대 저명한 학자들과 철학자들을 만났고 공개 논쟁을 계속했다.

민족 유산은 그런 토론 중 한가지에 대한 전설을 보존했다. 그것은 먀네 바바와 아부 알리 이븐 시노이(아비쩬나) 간에 일어난 논쟁이다.

논쟁중에 먀네 바바는 찻잔을 위로 들어올렸다.

마치 허공에 걸린 것 같았다.

"여러분들은 물리 법칙과 연관하여 모든 물체는 자신의 환경에 따라 중심으로 향한다고 주장합니다만 어째서 이 찻잔은 무게가 있음에도 불구하고 공중에 걸려있고 아래로 떨어지지 않을까요?"

이것에 아비쩬나가 대답했다.

"일반적으로 물리법칙은 그 물체가 중심으로 향할 때 전혀 방해를 받지 않습니다.

"그러나 이 찻잔은 당신의 의지로 공중에 남아있기 때문에 땅으로 떨어질 수 없습니다."

담화는 몇 시간동안 계속되었다.

그것의 결과에 따라 학자들은 그들의 감상에 대해 현자들에게 물어보았다. 아비쩬나는 대답했다.

"나는 그가 본 것을 안다."

그리고 먀네 바바는 말했다.

"이븐 시나는 내가 보는 것을 안다."

오래전 먀네는 호라산전부와 마찬가지로, 가즈니왕조의 성원으로 들어갔다.

그리고 아부 사이드는 사건의 증인이 되었는데, 그들은 이후 남카프카스와 소아시아를 포함하여, 전 근동과 중동 역사 발전 과정에 강한 영향을 끼쳤다.

가즈니 왕조 측에서 호라산 거주지 가운데 지나친 징세로 불만을 키웠다. 오우즈 투르크멘 부족들은 세금을 술탄의 국고에 지불하는 것을 먼저 거부했다. 그들과 가즈니 왕조 간에 대치가 시작됐다.

오우즈 투르크멘 군대는 셀주크 출신의 토그릴베그와 차그리베그 형제가 선두에 섰다.

1040년 단다나칸 도시 근처에서 일어난 전투에서 가즈니 왕조 술탄 마수드의 본대를 박살냈고 완전히 호라산을 점령했다.

무사히 형제는 권위로 도시 변두리에 가장 작은 수도원으로 먀네를 은거자 아부사이드에게 보냈다.

그 다음에 형제는 중동으로 위대한 셀주크를 거대한 투르크멘 국가 형성으로 이끈 자신들의 승리 행군을 시작했다.

이 왕조의 술탄들은 먀네 출신의 은자들을 항상 기억하고 존경했다.

그가 죽었을 때, 성인의 묘 위에 투르크메니스탄 건축 양식의 가장 유명한 작품 중 하나가 된 호화스러운 사원을 세웠다.

그 건물은 투르크메니스탄 건축 양식의 작품이 제작된 것들 중 하나이다. 요새 "칠케만" 명명의 기원 역사에 대해 이야기하는 전설에서, 아부 사이드 아불하이르는 사건의 의미상 깊이가 들어난 덕에 주요 영웅이 되었다

이 전설에 대해 나는 저서에서 "용맹한 이들은 조국을 찬양한다"라고 서술했다.

전설에 한번 더 말을 거는 것이 방해가 되지 않길 바란다.

'칠케만'은 40을 의미하는 '칠'과 활을 의미하는 '케만'에서 생겼다.

전설에서 1000~1050년 사이 기간

술탄소윤(Sultan Soyun)과 미랄리(Myraly)

산기슭의
세이트
제말레트딘
사원

에 무함메드 토그릴베그와 차그릴베그가 먀네 바바에게 나라 건국과 전투에서의 승리에 대한 축복을 받고자 이르렀던 것에 대해 이야기한다.

현재 그들은 없지만, 적들은 국토를 짓밟았다.

40명의 궁수는 요새를 지켰다. 사방에서 40명의 군인이 적을 사격했다.

하지만 그들이 아무 노력하지 않은 것처럼 적군은 매우 강했다.

이것을 느꼈던 적군은 그들에게 40명의 용감한 사수들을 요새 주민들의 목숨과 교환하여 넘겨줄 것을 제안했다. 의논한 사람들은 사수들을 적에게 넘기기로 결정한다.

사수들 본인의 의견을 물었고, 주민들은 대답을 들었는데, 더 이상 활을 쏠 수 없도록 손가락을 잃는 것과 국민을 구할 수 있도록 적들에게 넘겨질 준비되었다는 것이었다.

요새에 기름 항아리를 가지고 먀네 바바가 나타났다.

이 기름으로 사수들의 베인 상처를 기름칠했다. 이렇게 40명의 사수들과 요새의 주민들은 살아남았다.

먀네 시에서 서쪽 멀리에 호라산의 가장 큰 취락 지구 중 하나인 아비베르드(Abiverd)가 있다.

아파바르크티카(Apavarktika) 시는 고대 아비베르드 지구의 중심지였다.

학자들의 견해로는 원래 현대의 카카(Kaahka) 북쪽 변두리에 있는 도시 코네 카카(Kone Kaahka)로 그렇게 불렸다고 한다.

그것은 다수의 포탑이 있는 두꺼운 요새 성벽으로 되어 있으며 해자가 주위를 둘러싼 직사각형 형태를 가졌다.

성벽은 시간이 지나면서 파괴되었고 곳곳이 단순한 둔덕으로 변했다.

돌출됐던 모퉁이에 있는 일렬의 포탑들은 많은 곳은 아니지만 두드러지게 부각된다.

거의 정착지에 내부 요새(성채)가 있고, 그 주변은 깊지만 폭이 좁은 도랑이 있었다.

도시 주변은 지하수로 가득 차 있다. 과거에는 외부 해자와 연결된 방어 해자였다.

이 도시의 기원을 학자들은 고대 시기로 간주한다.

지역 토착민들은 그것에 대해 다음과 같은 전설을 이야기한다. 이 요새의 명칭은 마케도니아의 알렉산더 군에 의한 포위 공격과 관계가 있다.

알렉산더의 군대는 강했지만 이 요새를 점령할 수는 없었다.

옛 카카 요새

무역거래

카라반 치안대

요새 성벽 가까이 접근하기만 하면 군은 싸울 힘을 잃었고 전사했다. 알렉산더가 무슨 일인지 알아보기 위해서 직접 나섰다.

요새를 살피면서 사령관은 요새 벽의 경사진 발판이 거울로 덮여 있는 것을 발견했다.

거울을 보면서 사람들은 자신들의 일그러진 웃긴 거울에 비친 모습을 보았고 "카흐-카흐!" 하는 소리를 내면서 웃기 시작했다. 그리고는 곧 전투에 관심이 사라지고 말았다.

그렇게 요새 수비들은 특별한 노력 없이 적군을 물리쳤다.

외국군은 그렇게 이 요새를 정복할 수 없었다.

이 때문에 "카흐카흐"라는 명칭이 생겼고 그 후 "카카"로 변형되었다.

코네 카카 도시에서 서쪽으로 8km 떨어진 곳에 아비베르드의 옛 터가 있다.

이곳은 여러 시대의 원시 고고학적 그리고 건축학적 유적의 흔적들이 넓게 분포되어 보존되어 있다.

오늘날 페쉬탁(Peshtak)라고 부르는 도시의 중심부는 총 면적이 10헥타르보다 조금 더 큰 둥근 탑과 해자를 가진 성벽으로 둘러 싸인 직사각형 형태를 지니고 있다.

일직선으로 난 길로 각각 연결되는 문이 요새 성문까지 이어져 있다.

중심에는 12세기에 지어진 거대하고 웅장한 사원이 자리를 잡고 있다.

이미 오래전에 많은 것들이 파괴되었고, 19세기에 높고 매우 화려한 정문(페쉬탁)만이 남아 그것을 상기시키고 있다.

멀리서 봤을 때 중세 아비베르드(Abiverd)에서 성장한 투르크메니스탄의 작은 마을에 이름을 올렸다.

이 도시는 실크와 '잔바드(zanbad)'라는 옷, 그리고 참깨와 참기름을 만들어 팔던 곳으로 유명했다.

동방의 지리학자들은 자신들의 저서에서 아비베르드 지역의 비옥한 토양과 도시의 바자르들과 모스크에 대해 기록했다.

그들은 아비베르드 강과 지하 관개급수용 지하도 시스템에서 합류하는 물의 고품질에 대해서도 썼다.

아비베르드는 호라산 중심부와 밀접한 연관을 맺고 있었다. 무엇보다 코페트다그 산맥을 지나는 특별한 교역로였던 니샤푸르와 관계가 있다.

유목민의 대초원은 북부에서 도시로 수공예품을 실행하고 축산업 물품을 구매하는 중요한 곳이었다.

고고학자들은 아비베르드의 옛 터를

아비베르드 옛 터

168

조사할 때 수공업 지구를 발견했다.

도기 생산과 금속 공예 흔적이 있는 큰 저수지(호부즈)와 구멍의 흔적들은 오래된 황폐한 관개수로와 도기를 굽는 가마 굴뚝이 밀집해 있었음을 알 수 있다.

그것은 고도로 발달한 관개수로 시스템이 있었음을 명백히 밝혀 주고 있다.

중세 시대 아비베르트에는 산디 클리 오블리야(Sandykly ovliya)사원이 있다.

구전으로 전해지는 흥미로운 이야기가 있다.

이야기는 19세기 후반에 있었던 일이다.

호자 무함메드(Hojamohammed)라는 목동이 아비베르드(페쉬탁)요새 근처에서 양떼를 몰고 지나가고 있었다.

어느 봄날에 그는 요새 성벽 옆 언덕 중의 한 곳을 야영지로 잡았다.

그리고 양떼가 평원에서 풀을 뜯어 먹는 동안 자신은 잠시 낮잠을 잤다.

잠이든 목동에게 흰 수염의 노인이 하얀 옷을 입고 꿈에 나타났다.

꿈속이었지만 목동은 또렷하게 노인의 말을 들을 수 있었다.

"이보게, 젊은이. 일어나게. 여기에 누우면 안 되네. 가능한 내가 누워있는 이 땅에서 물러나게나."

마치 사람이 말하는 것처럼 목동은 세 번씩이나 연이어 같은 꿈을 꾸었다.

마을로 돌아간 그는 자신의 꾼 꿈에 대해서 친척들에게 이야기했다.

그의 꿈 이야기를 들은 친척들이 조심스럽게 언덕을 파 보았다.

흙을 파 보니, 관위에 경탄할 만한 장식이 있는 묘비 같은 것이 있었다.

그때 이후로 묘지로 바뀐 이 장소는 산디클리 바바 오블리야로 불리기 시작했고, 호자무함메드 목동의 후손들은 '뮤제부르'라는 무덤지기로서 이곳에 남았다.

아비베르드에서 서쪽 산기슭에는 호스로프 갈라(Hosrov gala)라는 도시가 있다.

고대에 형성된 이 도시는 9미터의 흙벽단으로 가로 놓인 두 개의 방어 시설로 이루어져 있다. 매우 우수한 축성법이라는 것을 보여준다.

내부 요새는 샤흐리스탄의 동쪽에 위치하고 넓은 해자가 경계를 갈랐다.

샤흐리스탄과 성채 호스로프 갈라는 독립적이지만 필요시 적군으로부터 상호 협력적인 방어 시스템을 가졌다.

이러한 치밀한 요새 방어력에 대해 사람들은 요새와 관련한 재미있는 이야

산디클리 묘지

기를 전하고 있다.

전해는 것들 중의 하나를 이야기하고자 한다.

그리 멀지 않은 옛날에 고즈간차이(Gozganchay)는 물이 풍부한 강이었다. 강 기슭은 숲으로 덮여 있었다.

강의 왼쪽 기슭으로부터 멀지 않은 곳에 위치한 요새 도시 호스로프 갈라로 지하 수도관이 뻗어있다.

이 숨겨진 건축물에 대해는 샤흐와 그의 신하들만이 알고 있었다.

이 화려한 도시는 평화와 번영이 깃들었다.

사람들은 농작물과 가축을 기르는데 있어서 물의 부족함이 없었다.

더구나 요새 주위에 해자가 깊게 파져 있었고, 적군이 출몰했을 때 해자에 물을 빠르게 채울 수도 있었다.

도시의 동쪽 문 앞에 거대한 다리가 세워져 있었다.

이 다리를 통해 유일하게 요새 안으로 들어갈 수 있다.

샤흐에게는 해와 달을 비출 만큼 매우 아름다운 딸이 하나 있었다.

샤흐는 딸에게 자신의 왕국을 물려주려고 생각했다. 왜냐하면 그에게는 다른 아이가 없었기 때문이었다. 하지만 운명은 다르게 끝을 맺는다.

목동의 꿈

호스로프 갈라

호스로프 샤흐의 딸은 아무도 모르게 적국의 샤흐(통치자)의 아들을 만나고 있었다.

아버지가 그녀의 연인과의 결혼을 허락하지 않으리라는 것을 안 딸은 연인에게 한 가지를 제안했다.

"만약 당신이 대군을 이끌고 와서 우리 도시를 점령한다면 나와 모든 나의 백성들은 당신에게 복종할 것입니다."

적국에서 중매인을 보내 왔지만 그녀의 예상대로 그녀의 아버지는 혼약을 거절했다.

결국 적군의 침입 동기가 되었다.

몇 달에 걸쳐 적들로 포위된 요새는 투항하지 않았다.

요새를 둘러싼 넓고 깊은 물이 가득 찬 해자 때문에 적은 부득이하게 요새를 유일한 다리를 지나 돌파해야만 했다. 거기서 그들을 잘 무장한 용감한 요새 수비들이 보루 뒤에서 맞이했다.

적들은 물 줄기를 봉쇄하지 않으면 요새는 점령되지 않을 것이라는 사실을 간파했다.

하지만 주변을 수색해도 물의 수원을 찾지 못했다.

요새 내부에 있는 샤흐의 딸의 존재에 대해 기억한 왕자는 궁수에게 요새에 '물'이라고 적힌 편지를 묶은 화살을 쏘도록 지시했다.

요새를 지키는 수비병들 사이에 적군의 화살에 묶인 '물'이라는 단어가 적혀 있는 정체 모를 쪽지에 관한 이야기가 퍼지기 시작했다.

이 사실을 재빨리 알아차린 공주는 어디에서 물이 도시로 들어오는 지 상세하게 편지를 썼다.

그리고 은도금한 화살에 편지를 묶어서 그것을 성벽 밖으로 보냈다.

편지에는 강 상류에 볏짚 자루를 사방에 뿌리고 볏짚이 물 밑으로 소용돌이가 되어 지나가는 장소는 펠트로 틀어막아야 한다고 쓰여 있었다.

그렇게 지하수도관의 비밀이 드러났다.

몇시간 후 해자에서 물이 빠져나갔다. 요새의 수비는 물 부족으로 인해 약화되었다.

방어를 극복한 적군에 의해 요새는 파괴당했고 거주민을 살해했다.

팔 벌려 승리자를 맞이하러 기쁜 샤흐의 딸은 뛰어나왔다.

하지만 왕자는 독살스럽게 그녀를 바라보며 말했다.

"자신의 아버지를 배신한 여자를 나는 믿을 수 없다."

그 다음 그녀를 사브르로 베어 죽였다.

오늘날 사람들은 옛 터 중심에 있는 무덤에 대해 공주의 매장 장소와 관계가 있다고 말한다. 노인들은 다음과 같이 말한다.

"처음 상상했던 이야기는 첫 번째 호흡에서 쉽게 흘러나올 수 있다.

만약 이 전설에 진실이 없다면 그것은 오늘날까지 보존되지 않았을 것이다."

아비베르드 서쪽에는 마을과 도시들이 아직 많이 남아 있다.

아비베르드에서 니사 방향으로 움직이는 카라반 마지막 정거장은 아나우(Anau)다.

중세 도시 아나우는 15세기 중반에 우리 선조가 세운 놀라운 사원의 옛 터가 하나 있다.

전면에 있는 쓰여 진 비문이 유명하다.

유감스럽게도, 1948년 아쉬하바드 지진 때 사원은 파괴되었다.

하지만 사진으로 남아 있어서 우리에게 그것이 한때 어땠는지 구현할 수 있을 것이다.

성문 입구의 아치 꼭대기에 있는 두 마리 용 묘사의 비밀을 밝혀주는 전설도 남아 있다.

이 사원은 세이트제말레트디나(Seyit Jemaleddin)의 묘로 사람들의 존경을

아나우 사원

세이트 제말레트딘 사원

받았다.

그러나 아불 카짐 바부르 술탄(Abul Kasym Babur Sultan)의 대리인으로, 그의 아들이 이곳의 군주였다는 것 외에 어떠한 정보도 보존되어 있지 않다.

아나우 거주민들은 예로부터 사원 벽에 용이 묘사된 사연에 대해 다음과 같은 전설이 전해지고 있다고 한다.

옛날 옛날에 이곳에 강성한 요새와 도시가 있었다.

이곳을 통치한 군주는 매우 현명하고 공정하다고 알려진 여성인 자말(Jamal)이었다(다른 버전으로는 남성인 세이트자말). 현재 사원이 있는 요새 성벽의 경사면에 나무가 있었는데 거기에 종을 매달았다.

그리고 지나가는 사람 중에 부족한 것을 구하고 싶으면 그 나무를 흔들 수 있었다.

종소리를 듣고 여왕의 사람들이 나와 간청하는 이에게 도움을 주었다.

어느날 사람들은 들어 본 적이 없는 아주 커다란 종소리에 놀랐다.

사람들이 나무에 모여 들었고, 그곳에서 거대한 용 아쥐다르하(ajdarha)가 종을 흔드는 것을 발견했다. 용은 울부짖고 꿈틀거렸다. 사람들은 용이 어떤 해악을 끼친다고 생각하지 않았다. 용이 분명히 무엇인가를 원하고 있다고 생각했다.

하지만 도대체 무엇인지 아무도 이해할 수 없었다.

여왕 자말이 다가왔다. 용은 산 쪽을 가리켰고 모여 든 군중 가운데 두 명의 목수들을 가리켰다. 그 목수들은 손에 도끼와 톱을 들고 있었다.

그러자 여왕은 목수 두 명에게 아쥐다르하를 따라갈 것을 명령했다. 그들은 순순히 용의 뒤를 따라갔다.

용은 다급하게 산으로 향했다. 이어지는 골짜기로 아쥐다르하는 계속 향했고 어느 누구도 접근하기 어려운 험난한 코페트다그 절벽에 이르렀다.

그리고 그곳에서 목수들은 또 한 마리의 용을 발견했는데, 바로 아쥐다르하의 아내였다.

그런데 매우 고통스러워 보였다. 이유인즉 산양을 통째로 삼키는 바람에 산양의 뿔이 목에 걸려 내뱉지도 못하고 삼키지도 못해서 거의 질식사할 지경이었다.

목수들은 용감하게 그녀의 큰 입 속으로 들어갔다. 한명은 뿔을 자르고 다른 한 명은 산양의 몸통을 잘라냈다.

마침내 그것을 토해낸 아쥐다르하의 아내는 숨을 쉴 수가 있었다.

그때 첫번째 드래곤이 목공들을 헤아릴 수 없는 보배가 가득 찬 동굴로 데려갔다.

그리고 신호로 그들에게 필요한 만큼 가져 갈 것을 제안했다.

보배를 얻고 만족스러워 하며 집으로 돌아온 목수들을 본 사람들은 모두 기뻐했다.

다음날 도시민들은 큰 종소리에 잠을 깼다. 여왕과 함께 성벽으로 나와 보니 많은 금 은 보화를 가지고 온 두 마리의 용을 발견했다. 두 마리의 용은 보물을 여왕 자말의 발치에 내려 놓고 바르게 산으로 떠났다. 하지만 여왕은 이 선물들을 국고에 넣을 수 없었다.

그녀는 그것들을 장엄한 사원 건설에 쓸 것과 그 정문에 아쥐다르하의 이야기를 그리도록 했다.

하얀 소맥의 고대 원산지에 며칠간 머물렀던 카라반들은 이제 행로를 서쪽으로 잡는다.

상인들은 예전에도 거대한 영광을 누렸던 유일한 니사 성채는 진귀하고 고품질의 물건을 만들어 낸 곳이었다는 이야기를 들었다.

니사까지 길이 멀지 남지 않았다.

제4장

니사(Nisa)에서 데히스탄(Dehistan)까지

니사 요새쪽으로

2013년, 바기르(Bagyr) 마을의 근교에 위치한 니사는 아쉬하바드시의 광역권에 편입되었다.

독특한 복합 건축물을 대표하는 니사는 고고학적(역사적) 기념물로 2개의 요새가 있다.

요새는 투르크멘어로 각각 코네 누사이(구 니사), 그리고탸제 누사이(신 니사)라고 부른다.

두 요새 사이의 거리는 약 1.5킬로미터이다. 두 요새 사이의 광장에는 중세기 도시가 있었고 현재는 바기르의 위쪽 부분이다.

두 요새 모두 코페트다그 산맥 한 지맥의 기슭 밑에 작은 강 옆에 솟아올라 있다.

요새들이 세워진 고지로부터 북쪽 수평선까지 비옥한 평원이 펼쳐졌으며 멀리 카라쿰 사막이 보인다.

오래된 니사의 성벽 위에서 아쉬하바드의 새 고층 건물들이 잘 보이며 킵차크(투르크멘어-Gypjak)마을에 현대적인 사원의 실루엣이 눈에 띈다.

이 풍경은 참으로 아름답다.

니사의 요새들은 문화 유적지로서만이 아니라 이러한 풍경 때문에 유네스코 세계문화유산으로 등재되었다.

이 도시의 역사는 수십 년을 걸쳐 전 세계 연구자들의 주목을 이끌고 있다.

왜냐하면 니사의 번영은 고대 의 강대국 중의 하나인 파르티아(Parthian) 국의 역사와 밀접하게 연관되기 때문이다.

파르티아 제국은 파르니(Parn), 다하에(Dakh), 마사게트(Massaget) 부족이 연맹하여 세운 나라이다.

이 제국은 고대 로마와 비단길의 주요한 경로를 점유하는데 있어서 가장 강력한 경쟁국이었다.

고고학자들은 구 니사의 생성을 파르티아 왕 미트리다트(Mithridates)와 관계가 있다고 하지만 새 니사가 언제

신 니사
(New Nisa)

생겨났는지에 대해서는 해답을 찾지 못하고 있다.

'니사'는 원래 설형문자 텍스트와 자라투스트라교(조로아스터교) 경전인 아베스타(Avesta)에서 나온 말이다.

거기에는 니사를 거쳐 서남쪽으로 향해 아리아족들이 전진했으며 고대 동양에서 유명한 현대 아할테케 조상인 말들이 푸른 목장에서 키워지고 있다고 기록되어 있다. 니사의 초기 내용은 정확히 알려지지 않았다.

메르와 아스-사마니 출신인 중세기 지리학자는 아라비아인들이 중앙아시아를 점령할 당시에 이곳을 침공하려고 할 때 오직 여자들만이 남아 방어하는 것을 알자 침공을 포기했다.

그들의 용감성에 감탄한 아라비아인들은 이 도시를 '니사'라고 명했으며 아랍어로 '여자'를 의미한다고 사료에 기록되어 있다.

구 니사에서 발견된 수많은 고대 예술품 중에 걸작은 반나체의 젊은 여자의 입상이다.

여인상의 상부는 흰 대리석으로 되

구 니사(Old Nisa)

파리즈데페(Paryzdepe)

동쪽으로 향하는 카라반

어 있고 하부는 원단을 걸치고 있는 듯한 모습의 회색 돌로 된 조형물이다. 그리고 그위에 검붉은색으로 색칠한 흔적이 남아 있다.

현재 이 조형물은 투르크메니스탄 국립박물관에 전시되어 있다.

그렇다면 이 입상은 주인공은 누구일까?

현대 학자들은 이 매혹적인 외모를 지닌 여인을 기원전 2세기에 살았던 파트리아왕 미트리다트 1세의 딸, 로도구나(Rodoguna)라고 추측하고 있다.

시리야 총독 디미트리에게 시집간 그녀는 예속된 어떤 부족이 반란을 일으켰을 때 용맹함을 발휘했다고 한다.

전설에 의하면 로도구나가 목욕탕에서 머리를 감고 있을 때 폭동에 대한 소식을 들었다.

그녀는 목욕을 미루고 즉시 갑옷을 입고 군대를 거느리고 소요를 진압시켰다.

호전적인 민족의 훌륭한 딸 로도구나의 인기는 파트리아 왕국에서 얼마나 높았는지 그녀의 모습은 왕의 인장에 묘사됐으며 그녀의 공적은 고대 그

바바잔(Babaja)의 사원

림의 주제로 자주 묘사되기도 했다.

하지만 니사의 생활은 오직 파트리아 시대만으로 제한되지 않았다.

구 니사와 달리 새 니사는 용맹한 파트리아인들의 제국이 무너진 이후에도 도시 요새로 몇 세기 동안 존재하였다.

니사가 아라비아 칼리파트(Arabic Caliphate)에 편입되면서 이슬람교 전파와 연관된 시대가 시작되었다.

이미 9-10세기에 이 지역이 번성했다는 증거들은 그 시대의 많은 여행가들과 지리학자들을 통해 언급되었다.

그 중에 알-마크지시(al-Makdisi)는 "니사는 크고 아름다운 도시이며 물과 각종 시설들이 잘 되어 있다.

니사에는 나무들이 무성히 자라고 있으며 풍성한 열매들을 맺고 있다.

사원은 우아하고 빵은 맛있으며 고가품 및 진귀한 물건들을 볼 수 있는 시장이 있다.

이 도시에 사는 사람들은 한 가지 언어로 의사소통을 하고 자신들의 문학이 있으며 시장에서 모든 것을 싸게 살 수 있고 군사들은 매우 용맹해서 난공

불락이다."

니사는 11-12세기에 위대한 투르크멘 셀주크 제국에 속하게 되었을 때 최대번성기를 누렸다.

중세기 시대에 니사를 '작은 시리야'라고 불렀는데, 이는 중앙아시아에서 신성한 곳들이 가장 많았기 때문이었다.

현지 주민들은 신성한 아라비아 족장들의 무덤이 1100개나 된다고 한다.

유감스럽게도 사료에는 이들의 이름이 적혀있지 않았다.

도시 곳곳에 많은 묘들이 있지만 그 중에서 바바드잔(Babajan)묘가 가장 좋은 상태로 보존되어 있다.

오랜 세월 동안 이곳에 산 토착민들이 묘와 연관된 전설을 다음과 같이 기억하고 있다. 하루는 왕이 휴식을 위해 니사에 도착했다.

니사 처녀들이 매우 아름답다고 알려졌기 때문에 이 왕은 여기서 첩을 삼기로 했다.

그 당시에 여자들은 얼굴을 감추기 위한 긴 베일을 쓰고 다녔다.

그래서 왕은 한 가지 꾀를 내었다.

그는 처녀들을 한 자리에 모아 놓고 굶주린 황소를 내보냈다.

겁을 먹은 처녀들이 흩어져 달아나기 시작했다.

그때 한 처녀의 얼굴에서 베일이 벗겨졌다.

왕은 그 여인의 미모에 마음이 끌렸다.

"누구의 딸인가?"하고 왕은 외쳤다.

옆에 서 있던 대신이 군사장 샤라페트딘(Sharaf-ed-Din)의 딸이라고 말했다.

왕은 즉시 샤라페트진을 데려오라고 명령했다.

"자네는 왜 왕 옆에 있어야 할 딸을 감추었느냐?

나의 할렘에 페트딘은 하루면 충분하다면서 내일 아침 정시, 기도 시간에 오겠다고 말했다.

깊은 슬픔에 잠긴 그는 궁전을 나와서 집에 들어오자 아들을 불러 딸을 친척집으로 데려가도록 했다. 그리고 친척에게 제일 먼저 만나는 동족에게 출가시키라고 했다.

남매는 길을 떠났다.

데히스탄(Dehistan)

셰이크 아부-알리닥까 능묘

친척집에 도착한 샤라페트딘의 아들은 아버지가 왕에게 딸을 주고 싶지 않다는 말을 전했다.

격노한 친척들은 총을 손에 들고 나섰지만 군사력은 왕 군대에 맞서기에는 역부족이었다.

그래서 급히 그녀를 혼인시켰다.

아들은 아버지의 명령을 시행하고 집에 돌아왔다.

그 이튿날 아침 정기 기도시간에 샤라페트딘은 왕 앞에 섰다.

"그래 어떻게 결정하였는가?"하고 왕이 물었다.

"어제 딸이 결혼했습니다."라고 샤라페트딘이 대답했다.

화가 난 왕은 그를 눈을 멀게 하라고 명령했다.

사형 집행인이 즉시 명령을 거행했다.

"이는 알라의 뜻이니 겸손히 받아드리겠습니다. 하지만 당신의 행위도 신의 심판을 받을 것입니다"라고 샤라페트딘이 말했다.

눈 먼 샤라페트딘은 오래 살지 못했

으나 자기의 용감성으로 사람들의 존경을 받았다.

시간이 얼마 지나지 않아 왕이 알 수 없는 질병에 걸렸다.

많은 주술사와 치료자들은 왕을 살리지 못했다. 얼마 안 있어 왕은 세상을 떠났다.

시간이 지나면서 내부 분쟁으로 그의 영토는 분열됐으며 결국에 멸망됐다.

이것은 왕에 대한 천벌이었다.

전설은 아무데서나 생기지 않는다.

물론 다른 나라의 통치자가 속국의 사령관의 딸을 자기 아내로 삼고 속국의 백성들과 관계를 맺어 완전히 지배할 수 있다.

그러나 이 전설에는 외세의 압력에 대한 백성들의 항의가 표현되어 있다.

전설에 의하면 샤라페트딘이 죽은 이후에 그의 묘 위에 사원이 세워졌다고 한다. 사람들은 샤라페트딘을 기억하고 기도하기 위해 이 곳을 찾아온다.

시간이 많이 흐르면서 용감한 사령관의 이름은 잊혀지면서 사람들은 그를 바바드잔이라고 부르기 시작했다.

아마 바기르에서 무슬림들이 가장 숭배하는 기념물은 시흐 알로브 또는 아부-알리 닥까 왕의 사원일지도 모른다.

사료의 출처에 의하면 이미 10세기에 유명한 아부-알리 닥까 왕은 위대한 수피파 왕들의 묘가 있는 바기르의 윗부분에 수피 하나카(수도원) 세라비를 건설했다.

전설들에 의하면 아부-알리 닥까가 이 지역을 찾아오자 숭배할 수 있는 교부의 묘지들을 발견하지 못했다.

그는 꿈에서 예언자가 나타나서 수피를 위한 하나카(수도원)를 지으라고 명령했다.

잠에서 깨어난 왕은 예언자가 가리킨 곳을 찾아가니 땅에 끈 선이 보였다.

그 선 뒤쪽에는 400명의 수피 왕들이 안장된 성직자 묘지가 있었다.

다른 전설에 따르면 아부-알리 닥까는 거인이였으며 힘이 센 소년이었다.

메디나 (Medina)에서 그를 만난 헤즈레트 알리는 소년의 어머니에게 아들이 자기와 함께 호라산에 갈 수 있도록 해 달라고 부탁했다.

그들이 니사에 도착하여 교외 사원에

고로글리
(Gorogly)

서 기도하고 있을 때 적들이 그들을 공격하였다. 싸움 도중에 소년이 죽었다.

헤즈레트 알리는 그를 추모하는 사원을 짓도록 명했다. 지금까지 이 사원은 기적이 일으키어 사람들을 도와준다고 믿고 있다.

14세기에 새 니사의 서남쪽 방향으로 1.5킬로미터에 떨어진 높은 지대에 교외 사원이 세워졌다.

3개의 우아한 아치형의 건축물은 이슬람 최대의 명절인 쿠르반 바이람(Kurban Bayram)과 오라자 바이람(Oraza Bayram)이 되면 대중적인 기도를 올리기 위한 장소가 되었다.

이 사원은 반쯤 무너진 상태로 존재하고 있으며 현재 그 외형을 수리하여 복원하였다.

이 사원 옆에는 특별히 신도들이 숭배하는 무함메드 예언자의 사위인 헤즈레트 알리의 말 둘디둘의 발자국이 남아 있다.

이 유적은 세 개의 돌인데 그 중 하나에 이 전설의 말 발자국이 있다.

이와 같은 기념물들은 특히 순수한 혈통을 가진 말을 애호하는 투르크멘인들 가운데서 인기가 가장 많다.

말은 투르크멘 인에게 충실한 친구이자 많은 전설과 동화의 주인공으로 등장한다.

투르크메니스탄의 코페트다그산맥 지역의 코이텐다그에서 돌에 이 찍힌 말발자국들을 볼 수 있다.

이 경이로운 말의 이미지는 투르크멘 사람들이 좋아하는 고로글리의 서사시에 나오는 전설의 날개 달린 말 '기라트(Gyrat)'로 기억하고 있다.

주목할 만한 것은 이 말의 발자국이 발견된 곳에 대해 고대 그리스인들은 그 곳의 토지가 비옥했으며 이 말의 유명함을 찬미했다.

중국황제들은 이 말에 대해서 '왕' 또는 '천상의 말'이라고 칭했다.

오늘날 니사는 문화·역사적 가치와 아름다운 자연미가 있는 지역이다.

우리는 고대 도시 니사에서 개최한 제5회 실내아시안게임을 기념하는 승마 마라톤을 개최했다.

이 성대한 대회를 치르는 기간은 오늘날을 과거로부터 전해지는 애국심과 용맹함으로 충만해졌다.

북을 치는 자들이 요새 계단을 내려오고 있다. 그 뒤를 이어 토미리스(Tomiris) 여왕 시대의 옷차림을 하고 '보릭'이라고 긴 모자를 쓴 여인들이 따라오고 있다.

그들은 니사 리듬을 손에 쥐고 있다.

그들은 이 축제의 예술적·역사적 형상을 상징하는 기수들에게 향하고 있다. 왜냐하면 투르크멘의 훌륭한 젊은이들의 핏줄에는 조상들의 고상함에 대한 충성이 흐른다. 그들은 이 땅에서 친선, 일치단결, 행복의 보존에 대한 갈망을 자랑하기 때문이다.

니사의 서쪽에 있는 위대한 실크로는 니사 주위의 마을들과 작은 도시들을 지나간다.

이에 대하여 중세기 기록자들은 다음과 같이 기술하고 있다.

그 중의 하나가 새 니사에서 약 10킬로미터 떨어진 파리즈데페(Parazdepe)라는 고대 정착지이다. 고고학자들에 따르면 이 도시는 기원전 5천년전에 생겼으며 중세기 말까지 존재했다.

아직 유적지에 대해 연구가 끝나지 않았으나 학자들은 이 주거지의 번성기는 우리 조상들이 세운 파르티아 국가와 위대한 셀주크 왕조가 다스리는 투르크멘-오구즈 왕조의 역사와 밀접한 관계가 있다고 추정하고 있다.

고대 대도시에서 수집한 고고학적 자료가 이를 증명한다.

어떤 학자들의 추론에 따르면 중세기 저자 무함메드 알-무나와르(Mohammed al-Munawwar)는 11세기에 파리즈 데페 주거지에서 먀녜 바바가 머물었다고 한다. 다른 추론에 의하면 10세기에 메르와 아스-사마니(Merva As-Samani) 출신인 유명한 지리학자가 먀녜 바바가 바로 그 거주지에서 이틀을 보냈다고 한다.

파리즈데페라고 하면 투르크멘 고대 조상들 중 하나인 용감한 파르나족을 떠올릴 수 있다.

그들은 기원전 3세기에 아르삭(Arshak) 형제들을 수반으로 한 다른 종족들과 연합하여 파르티아 제국을 창설했다.

학자들에 의하면 몇 천년에 걸쳐 명칭이 변한 파르(pair), 파르티아인(parthians), 파리즈(paryz) 사이에는 긴밀한 관계가 있다.

고대 시대에 파릐즈데페에서는 농업과 관개 수로가 존재했다는 증거들이 있다. 이는 파릐즈데페의 농업문화의 발전을 말해준다.

역사적 기록들에 따르면 첫 캬리즈(kyariz- 중앙아시아의 마을에서 관개를 포함한 지하 수력공학 시스템) 가 바로 이 곳에서 설치됐다.

이 고장에는 캬리즈를 파내는 기술을 아는 몇 세대의 숙련공들이 살았다고 한다.

파릐즈 데페에서 발굴된 항아리 조각들, 도자기관, 우물을 파기 위한 기구들은 이 지역에 복잡한 관개 시스템이 존재했다는 증거이다.

과거에 문화 및 역사적 기념물이 풍부한 이 곳에는 전 세계에서 잘 알려진 도시들이 존재다.

역사에서 알려진바에 의하면 파릐즈 데페는 몇 세기 전에 존재했던 요새의 잔재이다.

파릐즈 데페의 총면적은 3.2헥타르이다.

여기에는 니사에서 발굴된 도자기오 비슷한 항아리의 조각들을 볼 수 있다. 또한 도자기의 조각들은 위대한 셀주크 투르크멘 통치자들의 제국과 연관된 도시의 번영을 증명한다.

이 기념물들은 대부분 9-10세기에 발굴됐다.

학자들에 따르면 요새 기초의 문화층은 기원전 5000년으로 거슬러 올라간다. 파릐즈 데페의 역사, 연대기 복귀, 요새의 발전 기간에 대한 면밀한 연구는 중요하다고 지적하고 싶다.

이에 대한 대한 학자들의 연구 활동은 해당한 결과를 가져올 것이라고 확신한다. 우리는 조국의 운명이 달린 학자들의 연구 활동을 계속 지지할 것이다.

문화 유산에 대한 존중과 조국 변화의 해로 선포된 2016년에 많은 것이 이루어졌다.

파릐즈 데페에 대한 과학적 연구의 필요성이 제기됐다.

우리나라에는 면밀히 연구하여 대중화해야 할 다른 역사적 기념물들이 많다.

역시 관광객들에게 이 기념들을 소개해야 할 것이다.

우리의 훌륭한 유산에 대한 지식을 보급하는 것이 중요하며 이것으로 하여

많은 길 중에

금 젊은이들 사이에 이와 관련된 정신적 및 교육적인 애국적인 활동을 벌려야 할 것이다.

파리즈 데페의 기념물에 대한 지식을 얻고 이전 교사들의 경험을 습득한 결과 다음 결론에 이르렀다.

역사 및 문화 기념물이 있는 곳에서 역사, 애국심 교육에 대한 공개 수업을 진행 하여야 한다는 것이다.

조국에 대한 사랑은 자신에게 끌어들이는 매혹적인 힘이 아닌가 한다.

이 힘은 보이지 않는 기적이며 이는 쾌적한 초원과 순진한 인간 마음의 둘도 없는 형상에 존재하고 있다.

과거의 메아리가 울리는 이 산들은 마음을 감동시킨다.

귀를 기울려 듣는 메아리는 한평생 풀 수 없는 현묘한 신비성과 수수께끼가 숨어 있는 것을 알 수 있다.

이 고장을 이야기하는 전설들은 앞으로 확실히 보충될 매우 고귀한 보물이다.

투르크메니스탄은 농작문화가 발전된 나라이다.

고대 시대에 재능이 있는 품종 개량 전문가들이 "악 부그다이"(백밀)를 개량한 것이 이를 증명해준다.

백밀의 고향을 떠나 고대 카라반은 또 하나의 풍요로운 고장인 이 곳으로 온다. 속삭이는 푸른 경지, 새들의 유쾌한 노래, 바람에 흔들리는 나무들, 맑은 샘물, 화려한 고층 건물- 이 모든 것은 평화와 행복을 상징하며 마음을 기쁘게 한다.

2016년 3월에 파리즈데페 부근에 있은 식수 기념식에서 투르크메니스탄에 임명된 외교 공관장들에게 투르크멘들과 이웃 민족들과의 상호관계와 관련된 역사 중 기억에 남아 있는 몇 가지 사례를 들었다.

우리 조상들은 외교술을 발휘하여 복잡한 문제를 평화로운 방법으로 해결하였으며 분쟁을 방지하고 분쟁의 당사자들을 화해시켰다.

이는 우리 국가의 대외정책의 원칙이다.

파리즈데페 근교에 살고 있는 노인들이 말하길 오래 전에 이 곳에 지하 시설이 있었다고 한다.

지하 시설의 벽은 주로 사각형 원시

벽돌로 쌓여 있으며 파릐즈데페에서 불에 그을린 벽돌들을 일부 볼 수 있다.

벽의 밑부분은 돌로 깔렸다.

건축물 중 하나는 십자형으로 배치됐으며 그의 중앙 부분은 크지 않은 둥근 지붕이 세워졌다.

입구에서 계단으로 아래쪽으로 내려가면 궁형의 지붕이 있는 출입구가 있다.

학자들의 예비 판단에 의하면 벽들은 흙탕으로 인하여 무너졌으며 그러나 둥근 지붕의 한 부분이 남아 있다.

학자들은 이 건축물과 그것의 다른 부분의 연수, 용도 및 물질적 문화를 밝히기 위한 작업에 착수할 것이다.

오늘까지 존재하고 있는 파릐즈 데페의 부분 중 사각형 요새의 흔적이 남아 있다.

이 흔적들은 방어 시설을 튼튼하게 하기 위한 기초석의 조각들인데 한 때 시설이 언덕 위에 요새의 한가운데 그리고 서북쪽에 있었다.

초기에는 요새의 벽들을 정사각형으로 쌓은 것으로 여겨지는데 그 조각들을 유적지의 지역에서 발견할 수 있었다.

또한 수많은 푸른색의 도자기 장식의 조각들이 발견됐는데 이는 셀주크 시대 아니면 그 보다 늦은 15세기 초에 아름답게 장식된 높은 건물들이 있었다는 것을 확신할 수 있다.

기념물이 있는 지역을 계속해서 발굴하면 그 기초까지 도달할 것이다. 따라서 앞으로 파릐즈 데페는 고고학자들에게 예기치 못한 선물을 몇 번이고 줄 것이라고 생각한다.

13세기 투르크멘 역사학자인 무함 13세기 투르크멘 역사학자인 무함

메드 녜세비(Mukhamed Nesevi)는 '이 자리는 니사가 시작되는 마을이며 중요한 방어 시설 중 하나'라고 기록했다.

기념물 가치를 평가한다면 이 곳은 중세기 건축학이 잘 발전된 것이라고 볼 수 있다. 별도로 지적해야 할 것은 벽을 튼튼히 하기 위해서 기초 공사로 돌을 쌓았다는 것이다.

또한 오그즈-투르크멘들의 기념물도 이와 유사한 건축학적 특징이 있다는 것이다.

그 잔재는 아쉬하바드의 근교와 서

타크-야지르(셰흐리슬람)

쪽 목초지, 그리고 카라쿰 지역에 있다.

이는 오그즈 부족들도 돌로 쌓은 요새가 있었다는 증거이다. 고대 시대에는 이와 같은 요새를 '캔트'라고 불렀다.

코페트다그의 산기슭은 자연 조건이 좋으며 음용수가 풍부했기 때문에 정착지들이 많이 생겼다.

이 지역에는 수많은 크고 작은 요새들이 있었다.

그 중 하나는 오구즈족의 도시 오즈간트(Yzgant)인데 '의즈(Yz)'는 오구즈어에서 유래됐으며 '간트(gant)'는 투르크멘어 '캔트', 즉 '도시'란 뜻이다.

따라서 학자들은 당초부터 오즈간트를 '오그즈족의 도시'라는 의미로 칭했다. 의즈간트에 대한 전설을 전에도 이야기한 적이 있지만 재확인해 보고자 한다.

이 전설은 투르크멘 종족의 조상인 오구즈칸은 아들들에게 강을 따라 가다가 강이 멈추는 자리에 정착하라고 명령했다.

오즈간트가 위치한 지역은 '수이지수브(Syiji suw)'라고도 부르는데 '담수'란 뜻이다.

20세기 파리즈데페를 연구한 학자들은 이 곳에 오구즈 시대의 특징을 나타내는 도자기 수공품의 조각들이 발견되었다고 했다.

장식품 외에 유약을 칠하지 않았지만 회화의 무늬가 있는 그릇이라든가 여러 색깔의 표식으로 장식된 그릇들이 발견되었다.

니사 서쪽에는 바하를리(Baharly) 철도역에서 북쪽으로 20킬로미터나 떨어진 사막에 타크-야지르(Tak-Yazyr; 현재는 세흐리슬람이라 알려짐)라는 중세 유적의 잔재들이 남아 있다.

폐허가 된 이 도시에는 두개의 성과 면적이 약 1평방킬로미터 되는 포사드가 있었다.

전설에 따르면 '야지르(Yazyr)'는 발한(Balkhan)복속되어 있던 투르크멘 종족이다.

그들과 만그슬라크(Mangyshlak)에서 한 부족과 호라산에서 또 다른 부족과 연합했다. 그 이후 야지르족은 강성해지면서 인구도 증가했다. 그들은 '타크' 요새를 세웠다.

투르크멘 야지르족의 용감성에 대하

도시에 도착한 카라반

여 중세기 사료들에도 기록되어 있다.

사료에 의하면 야지르족은 오구즈칸의 24명의 손자 중의 한명인 야지르에게서 태동했다고 전하고 있다.

세흐리슬람 도시의 고고학적 연구 자료에 의하면 야지르족은 유목 문화뿐만 아니라 도시 문명 발전에도 큰 기여를 했다.

보존된 요새의 담과 많은 방어용 탑들을 보면 시민들이 방어에 유달리 신경을 썼다는 것을 증명해 준다.

특히 북쪽 방벽을 튼튼하게 만들었는데 그것은 북쪽으로부터 위협이 컸던 것으로 여겨진다.

시내의 곳곳마다 빽빽이 서 있는 주거의 잔재들을 발견할 수 있다.

많은 집들이 도시의 담에 직접 인접되었다.

더운 기후에 대비해 집의 천장은 높게 지었다.

고고학자들에 따르면 11-12세기에 근면한 시민들은 산부터 도시까지 20킬로미터 이상이나 되는 수도관을 벽돌로 설치했다.

이 시설은 그 당시에 정말 독특했다. 이와 관련해 전해지는 이야기가 있다.

마샤트아타
(Mashatata)

옛날에 샤흐리슬람의 군주는 이웃 도시 샤흐리하이바르의 군주를 찾아가 자신의 아들과 샤흐리하이바르의 딸이 정혼하기를 청했다. 이 말을 들은 샤흐리하이바르의 군주는 자신의 딸을 결혼시키는 데 동의하면서 조건을 내 걸었다. 그것은 샤흐리슬람에서 샤흐리하이바르까지 도자기로 관을 설치하고 그 지하 터널로 물 대신 우유를 보내라는 것이었다. 그 조건이 성사되자 결혼식이 40일동안 낮 저녁 치러졌다.

샤흐리슬람은 초원과 경계하는 도시였으며 한 때 오구즈족의 수도였다.

이 곳에서 카라반 길은 동서쪽에 있는 히바로 향한다. 다른 카라반은 호레즘에서 타크-야지르를 걸쳐 남쪽으로 향한다. 어떤 카라반은 동쪽으로 니사 방향으로 돌리며 다른 카라반은 서쪽으로 페라브를 걸쳐 데히스탄 방향으로 갔다.

카라반들은 몇 세기 전에도 이 길로 다녔다.

이미 20세기 중반에 페라브의 폐허 가운데 파라우 아타 능묘를 볼 수 있었으나 현재는 오직 돌로 쌓인 정사각형 기초의 덩어리만 남아 있다.

이전과 같이 멀리서 우뚝 서있는 파라우 비비의 능묘가 보인다.

능묘는 크지 않은 산악 테라스에 위치하였으며 그의 뒷벽은 절벽과 인접하고 있다.

그 지역 전설에 따르면 오랜 옛날에 파라우 비비(Parau bibi)의 능묘에 불신의 '캬피르(kyfirs)'들을 피하여 페라브에서 덕이 많다고 소문이 난 파라우 비비라는 여인이 있었다. 그녀는 친구 중에 한 명으로부터 배신을 당했다.

적들은 용감한 이 여인을 죽이려고 뒤를 계속 쫓고 있었다.

적은 그녀의 자취를 찾아 가면서 대담한 여자를 죽이려고 했다.

그녀는 산을 향하여 멀리 또 멀리 … 원수들은 배신자가 가르키는 방향으로 그녀를 쫓았다.

그때 파라우 비비는 신에게 기도했다. 신은 그녀를 불쌍히 여기고 절벽을 밀어 부쳤으며 파라우 비비는 그 안으로 들어갔다. 파라우 비비는 붙잡히지 않고 영원히 그곳에 남게 되었다.

바로 이 곳에 파라우 비비의 묘소가 있으며 그리 멀지 않은 곳에 큰 바위가

파라우 비비의 능묘

있다.

　이곳에 그 용감한 여인이 기도할 때 닿았던 손바닥 자국이 남아 있다고 한다. 묘소를 찾아오는 사람은 성지로 가는 오솔길의 우측에 돌들이 수북이 쌓여 있는 것을 볼 수 있을 것이다.

　이 자리가 바로 적에게 파라우 비비가 있는 곳을 알려준 배신자가 서 있었던 곳이라고 한다. 관습에 따라 성지를 찾는 순례자들은 다섯 개의 돌을 돌더미에 던져 배신자에 대한 복수를 한다고 한다.

　학자들의 의견에 의하면 능묘는 9-10세기에 아름다운 바위 위에 세워졌다. 그러나 이 성소에 대한 숭상은 이미 고대 시대부터 시작됐다고 볼 수 있다.

　'파라우'란 이름은 '파르티아 여인'이라는 뜻으로 파라우 비비의 모습은 동시대 투르크멘 땅에서 일어난 대지모신의 숭배와 유사하다.

　민속학자들은 오래 전부터 파라우비비에게 경의를 표하기 위한 흥미로운 의식에 관심을 갖고 있는데 주로 아이를 임신한 여인들이 행하고 있다.

파라우 비비의 구원

출산을 기다리는 임신부들은 성소 근처에 살고 있는 가난한 과부들과 아이들을 위해 약 1킬로그램의 밀가루를 가져오거나 빵을 구워 와 나누어 준다.

이 의식의 목적은 빨리 그리고 무사히 출산할 수 있도록 도와주는 선량한 수호자에게 임신부의 집으로 가는 길을 열어주는 데 있다.

잘 알려진 바와 같이 고대 시대에 사랑, 비옥, 물과 식물의 비옥함을 상징하는 여신 아나히타(Anahita)를 인격화한 것이다.

여신은 모성, 결실의 자연 비호자를 상징한다.

아마도 이 '여성'의 기초는 두고 있는 여신 숭배와 연관된 이슬람교전 신앙의 흔적이 보존돼 있다는 뚜렷한 증거이다.

니사에서 테히스탄까지 가는 길에 중세기 페라바(Ferava) 대도시가 위치하고 있었다.

산맥의 기슭에 흩어져 있는 도시는 벽으로 감싼 큰 요새였다.

요새의 흔적은 오늘도 볼 수 있다. 그 흔적들은 양쪽 강변에 따라 위에서 아래로 거의 1킬로미터나 뻗쳐 있다. 도시의 윗 부분에는 성채가 있었다.

사료에 따르면 페라브는 사막의 변두리에 호라산과 데히스탄의 경계선에 위치한 오구즈족의 요새라고 기록되어 있다.

이 도시는 다른 주거지들로부터 멀리 떨어져 있었고 대상들의 숙박지겸 유목민 종족들로부터 방어하는 국경의 요새 역할을 하였다.

그 도시에는 사원과 수원이 있었다.

국경 수비대는 크지 않았으나 잘 무장됐다.

인구는 얼마 되지 않았으며 그들은 카라반 상인들에게 서비스를 제공하였고 유목민들을 상대로 장사하였다.

페라브에서 서쪽으로 가는 길은 데히스탄과 투르크메니스탄 서남의 역사적 지역인 마샤트-미스리안(Mashat-Misrian)으로 간다.

이 곳은 중세기 마샤트 묘지와 데히스탄 또는 미스리안이라고 불리는 도시로 오늘날까지 몇 개의 아름다운 기념물이 보존되어 있다.

그 중에서 눈에 띄는 것은 두 개의 첨

고대 데히스탄

탑과 사원의 앞 현관이다.

주민들이 가장 숭배하는 마샤트 아타 기념물이다.

둥근 지붕이 있는 크지 않은 건물 안에는 9-10세기의 보기 드문 아름다운 미흐라브가 기적적으로 보존되어 있는데 이 설비는 빼어난 솜씨로 장식된 것이라 많은 나라 연구자들은 한결같이 중세기 예술의 걸작으로 인정하고 있다. 중세기에 번영하는 도시중 하나인 데히스탄은 쿠냐우르겐츠와 비잔티움 그리고 아랍권을 연결하는 위대한 비단길의 교차로에 위치하고 있었다.

옛날에 있었던 도시의 영통에서 고고학자들이 발굴한 발굴물들이 이를 증명한다.

데히스탄이 발전했다는 것은 상수도 및 하수도 시스템, 목욕탕, 벽돌로 된 다리를 비롯한 도시 정비를 통해 알 수 있다.

대상들은 몇 세기에 걸쳐 데히스탄을 지나갔다. 그리하여 이 곳에는 많은 카라반 사라이들이 있었다.

그렇다면 데히스탄의 도시들은 카스

피해와 코페트다그 산맥 사이의 계곡을 지나가는 교역로로 오랫동안 존재하며 번영할 수 있었다.

학자들은 '데히스탄'이란 단어를 "다흐족의 나라"로 번역하고 있다.

다흐족은 투르크멘 민족의 한 고대 조상들이다.

위대한 고전 시인 마툼굴리는 언젠가 아름다운 도시의 위대한 폐허에 도취되어 떠오른 시상을 자신의 시에 자주 표현했다.

물이 없는 바짝 마른 초원을 가로지르는 현대 도로에서, 멀리 떨어진 데히스탄의 기념물들은 가까이에서 볼 때 인간 존재의 무상을 느끼곤 한다.

또 얼마나 역사적 사건들과 인간의 운명들이 이 수수께끼의 도시와 연관이 있으며 침묵을 지키는 이 폐허들은 얼마나 알려지지 않은 역사의 사실들을 감추고 있을까!

이 폐허들은 수세기에 걸쳐 현지 주민들로 하여금 환상적인 전설을 저술하도록 고무시켰다.

그 중 한 전설에 따르면 마샤트-미스리안 평원에 아름답고 부유한 손님을 후하게 대접하는 도시가 있었다.

이 도시에는 두 형제가 살았는데 그들을 마샤트 그리고 미스리안이라고 불렀다. 하루는 사람들이 마샤트에게 적군이 쳐들어 오고 있다고 알렸다.

마샤트는 첨탑에 올라가서 두 다리를 축 내려놓고 앉아서 적군의 이동을 지켜봤다.

시간이 지나면서 적은 더 가까이 다가왔다.

마샤트는 두 손을 하늘 높이 치켜들고 신에게 도시를 지킬 군대가 없으니 도와 달라고 기도했다.

이를 동정한 하늘은 모래 폭풍을 일으켜 전 지역을 칠흑 같은 암흑으로 덮었다.

칠흑 장막을 헤쳐 나갈 수 없는 적의 대장은 자신의 군인들을 퇴각시키면서 병사에게 한 포 씩 모래를 담아 한 곳에 쌓으라고 명령을 내렸다.

그 후 얼마 안 있어 그 자리에 큰 언덕이 생겼으며 이는 요새의 주민들에게 적군의 군사력을 상기시키게 한 것이다.

그러는 사이에 미스리안은 첨탑에서

사막의 폭풍

전설이 된 곡조

두 다리를 내려놓고 앉아 있는 마샤트 동생에게 "다리를 내려놓고 앉아 있는 것이 무례하다"고 말했다.

이 말에 마샤트가 형에게 "만일 내가 형의 말을 듣고 다리를 올려 놓으면 우리 주민들은 불행에 처하게 될 것이다."

그러나 미스리안은 적군은 퇴각했기 때문에 다리를 올리라고 재촉했다.

끝내 마샤트는 형의 말에 두 다리를 올려 놓았다.

그러자 해가 다시 나오면서 사방이 밝아졌다.

이것을 본 적군은 다시 요새를 공격했다.

적군은 담을 부수고 요새 안으로 돌입하여 강탈하고 도시를 파괴했으며 살아 남은 시민들은 노예로 끌려갔다.

해 빛에 타버린 이 곳은 운이 안 좋은 형제들의 이름으로 불려졌다.

데히스탄에서 남쪽으로 향한 수로와 육로는 러시아 상인들에게도 편리했다.

말이 나온 김에 언급하자면,

20세기 30년대에 투르크멘 뱃사공들은 모스크바까지 항해한 적이 있다.

오늘 우리는 카스피해에서 조선업 발전을 위한 모든 가능한 조건들을 마련하는데 특별한 주의를 돌리고 있다.

투르크메니스탄은 이 분야에서 이웃 국가들과 또한 유엔, 유럽연맹, 지구환경기금, 세계자연기금을 비롯한 국제기구들과 밀접히 협력하고 있다.

2008년 6월부터 시작해 많은 진보적인 사업들이 있었다.

카스피해의 자연 환경을 시찰할 목적으로 발칸주를 방문했다.

카스피해에서 가장 멋진 곳인 오구르드잘릐 섬(Ogurjaly Island)을 방문하고 그곳의 해안선을 지키고 있는 국경수비대를 만났다.

그리고 국가 보호 지역인 하자르의 금지 구역을 시찰했다.

이 금지구역은 7000헥타르의 면적을 차지한다. 섬의 총면적은 9000헥타르에 달한다.

이 곳에는 1천여 마리의 가젤이 서식하고 있다.

해변에는 작은 물고기들이 많기 때문에 섬의 남쪽 부분은 바다표범의 은신처가 되고 있다.

오구르드잘릐 섬은 식물과 조류들로

마샤트 미스리안의 카라반

풍부하다.

여기에는 특이한 종류의 오리, 갈매기, 상오리, 도요새, 더펄새, 자고새들이 번식하고 있다.

바다는 카라쿰 사막이나 훌륭한 산들과 마찬가지로 우리 조상들의 부유하며 소중한 원천이다.

투르크메니스탄에서는 사회·경제적 발전과 자연환경 보호에 중점을 두고 있다.

카스피해의 자원 보존 및 증대와 관련된 문제 해결을 위한 종합적 활동이다.

오늘날 바다의 산호초 같은 아바자(Avaza)는 아름다움을 갖고 있으며 발카바나트(Balkanabat)는 실제로 카라쿰사막의 오아시스로 등장했다.

아쉬하바드(Ashgabat)-카라쿰(Garagum)-다쇼구즈(Dashoguz)로 이어지는 자동차 전용 도로, 사막을 가로지르는 투르크멘바쉬(Turkmenbashi)-아쉬하바드(Ashgabat)-파랍(Farap)으로 이어지는 도로, 그리고 베레케트(Bereket city)에서 시작하는 투르크멘-이란-카자흐스탄 철도는 수년간에 걸쳐 우리나라의 대동맥과 같은 운송 수단로이다.

농업과 연관된 중요한 과제 중 하나는 열대 지방에 속하는 고대 데히스탄,

카스피 해안의 상인들

마샤트-미스리안의 평야를 개간하는데 있다.

…고대 대상(카라반)들은 해상로, 위험한 산길을 걸쳐 먼 곳으로 향하고 있다. 그들은 좋은 인상만 아니라 데히스탄의 보통이 아닌 맛의 열매, 철갑상어 음식과 어디에도 없는 많은 상품들을 가지고 떠난다.

그들은 다시 이 지역으로 돌아 올 것이다.…

제5장

고대 다쇼구즈(Dashoguz)의 땅에서

쿠르겐치(Gurgench) 바자르

옛적에 현재 다쇼구즈주(Daşoguz)의 영토를 호레즘(Khwarezm)이라고 불렀다. 아무다리야강(Amu Darya)의 하류에 위치한 호레즘은 사막과 초원으로 둘러싼 큰 오아시스였다.

때문에 이 곳에선 하나 하나의 조각의 땅을 개간했다.

그 당시 여행가들에 따르면 토지에 엄청나게 많은 지하수가 있음에도 불구하고 아무다리야 강변과 사릐카믜시(Sarykamysh) 연안 삼각주에 경작지들과 마을들이 인접해 있었다고 한다.

11세기에 살았던 호레즘의 셀주크 총독 아누쉬테진 구르샤흐(Anush-tegin Gurshah)가 세운 왕조였는데 백년이 지난 후 오구즈-투르크멘소국이 되면서 중동 지역에서 가장 강성한 제국이 되었다.

아누쉬테진의 후손들은 위대한 호레즘의 샤흐라고 불리웠으며 수도를 옛 우르겐치(Urganch 현재 쿠냐우르겐츠)로 정했다.

무슬림학자이며 작가이자 여행가이기도 한 야쿠트 알-하마위(Yakut al-Hamavi)는 몽골이 침입하기 전에 호레즘을 지나가면서 다음과 같이 소감을 적었다

"나는 호레즘보다 번성한 땅을 보지 못했다."

밭은 아무다리야강에서 흘러나오는 수로와 배수로 관개되어 강의 왼쪽에 큰 관개용 그물을 만들었다.

그리고 오아시스의 마을들에는 시장이 형성되어 있었다.

홍수를 막기 위해 도시와 요새들은 흙으로 제방을 쌓아 놓았는데 거기에 나무, 관목을 꽂았다.

주민들은 홍수로 파괴된 둑을 매년 복구했다.

실크로드를 따라 번성한 무역 덕분에 도시 생활 문화는 구르간즈를 중심으로 비옥하고 인구 밀도가 높은 오아시스도 발달했다.

현대 쿠냐우르겐츠의 남쪽 외곽에 폐허와 기적적으로 보존된 고대 기념물은 약 650헥타르의 면적을 차지한다.

바자르

고대 쿠냐우르겐치(Koneurgench)

테케시(Tekesh) 사원

몇 세기 전, 지금의 이곳은 보존 지역으로 아무다리야강 옛 하상의 왼쪽 부분이 거대한 담으로 둘러 싸여 있었다.

몇 세기 전, 지금의 이곳은 보존 지역으로 아무다리야강 옛 하상의 왼쪽 부분이 거대한 담으로 둘러 싸여 있었다.

그 중 대부분이 오래 전에 파괴됐으며 시간이 흐르면서 여러 문화 계층에 의해 뒤덮였다. 오늘날 극히 일부분만 고고학자들에 의해 발굴 되었다.

한 때 거대한 도시가 불행과 변화를 겪게 되면서 통치자들과 순교자들의 몇 안 되는 묘소, 알려지지 않았지만 장엄해 보이는 건물들, 그리고 중앙아시아에서 가장 높다고 하는 첨탑만이 보존 되어 있다.

기록에 의하면 이 도시는 '천 개의 대문이 있는 도시'로 기술되어 있다.

(AL-Biruni), 무함메드 알-호레즈미(MuḥammadibnMusáal-Khwārizmi), 이븐 시나(Ibn Sina)을 비롯한 위대한 동양 사상가들이 활동하였다.

이곳은 징기스칸 군대에 저항한 최후의 보루 지역이었다.

호레즘의 투르크멘인들은 전해진 많은 이야기들뿐만 아니라 활발했던 수공업과 전통생활 양식의 특성을 기억하고 있다.

우선 수피(sufi)의 위대한 셰이크(족장) 나드 메딘 쿠브르(Najmuddin Kubra)의 묘와 근처에 있는 고대의 큰 묘지를 사람들은 '삼백 육십'이라고 부르는데 이 숫자는 묘에 묻힌 성자들의 수를 가리킨다.

지금까지 이곳은 가장 멀리 있는 아시아 지역에 살고 있는 이슬람 순례자들이 찾아 오는 성지의 중심이다.

그렇지만 영광스러운 고대 도시의 주인공들인 건축가들, 장식가들의 주된 시선은 그들에 의해 건축된 지어진 작품들에 있다.

중앙아시아에서 제일 축복 받은 땅에 위치한 고대 국가의 건축술과 예술문화의 오랜 발전은 그 이전 시기에 나타난다.

민중은 많은 전설들과 머나먼 옛날의 구비를 기억하고 있다.

오늘도 쿠냐우르겐츠(Kunya-Urgench, 투르크멘어:Köneürgenç) 주민들은 전해져 내려오는 옛이야기들의 내용과 역사적 사실들을 섞어 놀라운 이야기를 만들고 그 만들어진 이야기를 다시 전하고 있다.

옛날에 수도 구르간즈와 견줄 만큼 잘 정비된 도시는 이 세상에 없었다.

이 도시에는 매일 160개 곳에서 시

쿠냐우르겐치의 카라반

장들이 흥성했다.

요새는 444개의 대문, 7700개의 이슬람신학교가 있었고 각 학교에는 100개의 후주라(Hujra)가 있었다.

각 신학교에는 두 명의 법률가가 있었는데 다른 지역과 비교해 볼 때 법률가들이 가장 많았다.

4400개의 하나카가 있었는데 수도원마다 피르(Pir, 원로)가 지크라(Dhikr)를 가르친다.

5300개 사원들에는 첨탑이 있으며, 특히, 마스지드와 갈란(Masjid-I Galan)은 40개의 문이 있었고, 각 문에는 첨탑이 하나씩 있었다.

또한 이십 개나 되는 곳에서 기도를 올렸다.

사원의 이맘(지도자)들은 당시 시대를 대표하는 성직자들이었다. 다른 사원의 수는 오직 알라(Allah)만 알고 있다.

또한 공금으로 운영하는 순례자들을 위한 집 500채와 560개의 안식처가 있었으며 또한 1천개의 대상들과 5천개의 목욕탕이 있었다.

1만개의 정육점, 6천개의 제화 가게, 1만개의 잡화점, 7천개의 단야장, 4만4천개의 비누 상점, 3천개의 양초 가게, 4

투라벡 하늠 (Torebeg hanym)의 사원

천개의 제분소, 500명의 제혁공, 5천개의 쌀 가게, 3천명의 선반공들이 있었다.

두타르(투르크 전통 현악기) 줄을 고치는 가게가 천 여개 있었고 1,000개의 소금을 파는 가게와 3,000개의 할바(과자의 일종) 가게들이 있었다.

도자기 제품을 만드는 제작소와 1천명의 유리를 불어 부풀게 하는 직공들

네드즈메딘 쿠브르 (Nejmeddin Kubra)의 능묘

이 있었으며 1천명의 교역상, 1천명의 사료 상인들이 있었으며 이 외에 또 많은 것들이 있었으나 일일이 열거하지는 않겠다.

몽골의 침략 전 도시 명칭에 대하여 다음과 같은 전설이 있다.

호레즘 도시에 요상한 두 사람이 나타났다. 그들은 부부였다. 그들은 낮에는 인간의 모습이었지만 밤에는 용으로 변해 사람들을 잡아먹었다.

여자의 모습으로 변화한 데브(환상적인 존재: 악령)를 후르라고 불렀다.

매일 데브는 한 사람씩 잡아먹었다.

어느날 겐짐(Genjim)이라는 청년이 이 도시에 오게 되었다. 그는 호레즘의 머나 먼 변방 지역에서 왔다.

겐짐이 도착했을 때 도시는 꽃이 피어 있었고 정원과 터밭들은 열매가 많이 달려 있었다.

이상하게 도시에 사람들이 하나도 없고 오직 예쁜 처녀 한 명만 살고 있었다.

겐짐은 처녀에 반했고 사랑에 빠졌으며 그녀와 같이 살게 되었다.

그런데 하루는 밤에 후르가 몸을 사리면서 청년의 품에서 빠져 나와 뱀이 되었다.

겐짐은 그것을 보았지만 깊은 잠이 든 척했다.

이와 같은 일이 세 번이나 반복되었을 때 청년은 처녀가 인간이 아닌 반인반수라는 것을 알게 되었다. 그리고 몰래 그녀의 뒤를 밟기 시작했다.

후르는 도시 밖으로 나가 그녀의 남편인 다른 용을 만나 서로 몸을 틀면서 해가 오를 때까지 놀았다.

후르가 겐짐에게 돌아 올 때는 다시 사람의 모습으로 변했으며 그녀의 남편-용은 커다란 굴속으로 들어갔다.

겐짐이 이 도시에 나타났을 때 사람들이 돌아 오기 시작했다.

그런데 매일 한 사람씩 사라지는 것이었다. 겐짐은 용들이 사람들을 잡아먹는 것을 알고 있었다.

그는 노인들을 찾아 보았으나 도시를 찾아오는 사람들 중에는 노인이 한 명도 없었다.

마침내 한 지혜로운 노파가 도시에 나타났다.

겐짐은 노파에게 자신이 알고 있는 비밀을 알렸다.

노파는 겐짐에게 아내가 괴물인지를 확인하기 위해 후르에게 배꼽이 있는지를 보라고 말했다. 그러나 후르에게 배꼽이 없었다.

겐짐은 노파에게 자기가 본 것을 말했다.

노파는 점을 친 후 괴물을 죽이기 위해서는 괴물이 석회와 물을 각각 40가마씩 삼켜야 한다고 말했다.

그러면서 겐짐이 후르를 버리고 도망한 척 해야 한다고 했다.

그러면 후르가 화가 나서 용으로 변해 겐짐을 추적할 것이고 이때 낙타에 석회와 물을 싣고 가면 된다고 했다.

겐짐은 노파의 말해도 다음날 아침 나타에 서회와 물을 싣고 멀리 떠났다.

겐짐은 하루 거리에 해당하는 길가에 석회 40가마를 내려놓고 다음 휴식처에는 물을 내려 놓았다.

날이 어두워지자 후르는 겐짐이 도망친 것을 알아채고 추적하기 시작했다.

화가 난 후르는 길에 보이는 것은 닥치는 대로 모두 다 삼켰다.

그녀는 석회 40가마를 삼키고 그 다음 물도 다 마셨다. 그녀의 뱃속에서 모든 것이 끓기 시작하면서 터져 죽고 말았다.

현재 이 자리를 의을란리(Yylanly)라고 부른다.

다른 용은 굴에서 나오지 않았다.

대신 그 굴 위에 첨탑이 세워졌으며 굴 속에 있던 용은 나오지 못하게 되었

새벽에

다. 이후 구르간즈는 후르와 겐짐의 이름이 합쳐진 단어로 불리워졌다.

이 지역에 내려오는 이야기는 고고학자들이 쿠냐우르겐츠의 고대 부분이라고 여기는 킈르크몰라 언덕(Kyrkmolla hill)의 이름에 반영되어 있다.

"호레즘 왕은 유명한 건축가들을 불러 학자들을 위한 크고 아름다운 궁전을 지으라고 했다.

이 궁전에서 40명의 대가들이 물라(회교승, 회교학자) 4만 명을 가르쳤다.

어느날 다른 나라의 공격을 받아 도시의 모든 건물들이 파괴되었지만 오직 학자들의 연구소인 사원만 남았다.

새벽에 포위된 사람들은 신에게 기도를 올리면서 오직 하나만 빌었다.

"불신자들의 시선이 성자들과 그들의 훌륭한 제자들의 얼굴과 서로 닿지 않도록 해 주옵소서".

이 기도를 들은 신은 기적을 베풀어 이 궁전은 뒤엎어지면서 땅속으로 사라졌다.

학자들과 제자들은 지하에 남게 됐다. 적들은 궁전이 서 있던 자리에 부드러워진 땅만 발견했다.

그러자 적은 얼마 남지 않은 구르간즈의 주민들을 불러놓고 물어봤다.

"어제까지 이 자리에 우리가 돌격하려고 했던 궁전이 있었는데 어떻게 없어 졌는가?"

"그제야 시민들은 기적이 일어난 것을 깨닫고 적에게 답하되

"우리가 어제 이 자리를 경작을 위해 땅을 갈아 놓았습니다. 이 자리는 궁전이 있던 자리가 아닙니다."

원수는 주민들의 말을 믿고 도시를 떠났으며 땅 밑으로 갔던 성자들은 지금도 살아 있다.

그들은 금요일마다 기도하며 밤 늦게 "킈르크몰라(Kyrkmolla-40명의 물라)"언덕에 오면 그들의 목소리를 들을 수 있다.

전문가들에 따르면 실제로 이 자리에 이름난 동양 학자들이 일했던 마문 아카데미(Mamun's Academy)가 있었다는 것은 의심할 여지가 없다고 한다.

"킈르크몰라"에서 멀지 않은 곳에 가장 오래된 구르간즈 사원이 있는데 한쪽에 마문 첨탑이 있다.

전설에 의하면 몽골인들은 이미 부하라에서 이 멋진 첨탑을 보았다고 한다.

그런데 호레즘에 더 가까이 다가 갈 수록 적군은 큰 두려움에 휩싸였다.

엄격한 사령관들이 재촉하는 적군은 마침내 호레즘에 도달했다.

사령관들은 군대를 밤에만 달리게 했

다.

그런데 아침에 첨탑을 직접 눈으로 본 군인들은 많이 놀랐다.

두려움에 빠진 그들은 첨탑이 보이지 않는 낮은 곳에 숨었다. 이 낮은 곳은 현재 호수가 되었다.

침략자들이 호레즘을 점령했을 때 그들이 제일 먼저 한 일은 공포에 떨게 한 첨탑을 파괴하는 것이었다.

대대로 내려오면서 이 지역 주민들 사이에 정복자들이 가한 피해에 대한 소문이 전해지고 있다.

연구자들에 따르면 마문 제2 첨탑이 완전히 파괴된 것에 대한 설과 관련이 있다고 한다.

여전히 이 지역 전체를 아우르는 또 다른 첨탑인 미나렛은 군주였던 쿠틀루그 티무르(Temür Qutlugh)의 이름과 관련이 있다.

중앙아시아에서 가장 높은 이 기이한 중세기 시대의 기념물에 대하여 세 가지 설이 있다.

첫 번째 설은 아딜 쿠틀루그(Adil Kutlug)왕이 첨탑을 건설하기 위해 호레즘 주민들에게 세금을 걸었다.

주민들에게 건설 현장에 짚 한 자루씩 가져오게 했다. 짚을 첨탑의 주위에 깔고 꼭대기까지 올라갈 수 있도록 했다.

두 번째 설은 몽골의 침략 시대와 관계가 있다.

수많은 적이 도시에 접근하고 있었다.

도시의 학자들은 도서관에 소장된 책들을 꺼내서 숨길 것을 요청했다.

그런데 책들이 들어있는 짐짝을 실은 낙타들이 도시를 떠나려고 했을 때, 첨탑 꼭대기에 앉아 있던 병사들이 적들이 도시를 포위했다고 알렸다.

첨탑의 그늘은 지하실이 있는 파괴된 건물의 문지방에 떨어졌다.

책들은 폐허에 숨기기로 결정하고 그렇게 실행했다.

적군이 도시를 점령하고 파괴했으며 주민들을 쫓아냈다.

책들이 그 폐허에 숨겨져 있다고 한다. 그리고 첨탑의 그늘이 오직 1년에 한 번만 그 책들이 숨겨 있는 곳을 가리킨다고 한다.

세 번째 설은 낭만적이면서 비극적이다.

내용은 다음과 같다. 오래 전부터 이곳은 부유한 도시였다. 금요일마다 주마 사원(금요일 사원-금요일 마다 기도) 근처에 있는 큰 시장에 사람들이 모였다.

하나카, 회교 최고학교, 대상 숙박지(카라반 사라이)와 사원들을 비롯한 화려한 건축물들이 도시 곳곳에 있었다.

여기에는 술탄이 살았던 크고 아름다운 궁전이 있었다.

당시 건축의 대가들은 자신의 손으로 위대한 기적을 일으킬 수 있었다고 생각했다.

한 젊은 마스터(대가)가 있었는데 그는 불행하게도 왕의 딸 투라벡을 사랑하게 되었다.

그녀는 아름다웠지만 거만했다.

하루는 마스터는 자기의 사랑을 감추지 못하고 왕이 광장에 나왔을 때 왕 앞에 엎드려 그의 딸과 결혼하게 해 달라고 했다.

화가 난 왕은 그 자리에서 이 대담한 젊은이를 죽이려고 했지만 순간 그가 위대한 건축가라는 것이 생각이 났다.

이 젊은 마스터는 벽돌과 유약으로 도시 최고의 건물을 지었다.

"나의 모든 영지가 보이도록 높은 탑을 세워라.

그러면 나는 자네와 투라베크-하늠의 결혼을 허락하겠다"고 왕이 답했다. 마스터는 이에 동의하고 바로 다음날에 짓기 시작했다.

탑은 매일 위로 솟았다.

공주에 대한 사랑이 그에게 힘을 주었으며 열 명의 몫을 혼자서 해냈다.

한 편으로 다음과 생각이 들었다.

키르크몰라(Kyrkmolla)의 바르한(Barhan)

"왕이 나를 속일 수도 있을 것이다. 그의 약속을 믿을 수 있을까?"

마지막으로 마스터는 위로 올라가서 조수들에게, 접착제가 들어 있는 가마솥, 튼튼한 천 묶음, 얇은 막대와 로프를 가져달라고 말했다. 그리고 몇 개의 벽돌을 더 놓고 건물을 완성했다.

탑은 아름답고 날렵하며 아주 높게 쌓인 모습이었다. 탑의 정상에서 정말 왕의 영지가 한 눈에 보였다.

마스터가 꼭대기에서 왕에게 고함 질렀다.

"저는 당신의 명령을 수행했습니다. 그러니 이제 당신이 약속을 이행하기를 기다리고 있습니다."

"아래로 뛰어 내려라!"라고 하는 왕의 말이 들렸다.

"네가 살아 남으면 투라벡-하늠이 너 아내가 될 것이다."

젊은 마스터는 일이 그렇게 될 것이라는 것을 예견했다.

젊은 마스터는 얇은 막대와 천으로 날개를 만들고 손에 묶은 후 아래로 뛰어 내렸다.

그러자 바람이 그를 붙잡아 먼 곳으로 옮겼다.

젊은 마스터가 땅에 내렸을 때 멀리 떨어진 부하라에 있는 자신을 발견했다.

마문(Mamun)의 첨탑

쿠틀루그티무르(*Kutlug Temir*)첨탑

그는 사막을 지나고 몹시 굶주린 채 자신의 고향에 도착했다.

오랜 시간이 흘러 간신히 구르간즈의 성벽에 도달했을 때 그는 이미 노인이 되었다.

그는 왕이 벌써 오래 전에 죽임을 당했고 그가 사랑한 공주도 죽었다는 사실을 알게 됐다.

그는 연인의 묘에 세상에서 가장 좋은 사원을 지었다.

또 다른 설에 의하면 젊은 마스터는 오늘날 볼둠사즈주(투르크메니스탄의 현재 주 명칭)로 불리우는 지역의 요새 부근에 내렸다.

성공적으로 땅에 내린 이후 왕의 교활한 계획에서 구원된 젊은 마스터는 "볼둠사즈!(Boldum saz; 나는 괜찮다.)"라고 외쳤다.

그래서 이 요새의 이름을 볼둠사즈라고 한다.

투라벡-하늘의 사원은 틀루그 티무르의 첨탑(미나렛) 근처에 있으며 쿠냐 우르겐츠에서 가장 아름다운 기념비로 간주되고 있다.

14 세기에 지어진 이 중세기 건축학의 참된 걸작은 현재까지 잘 보존되어 있다.

과거에 중앙아시아의 건축은 공간 예술의 단조로움과 단일함을 해결하기 위한 과제로 창조적이고 자유로운 외장의 호화로운 장식에 대해 아는 이가 거의 없었다.

이 아름다운 건물과 관련된 전설은 또한 공주에 대한 마스터의 불행한 사랑과 연관이 있다.

투라벡(Türbek)은 왕의 딸이었다. 왕은 상속자인 아들이 없었기 때문에 왕이 죽고 난 후 딸이 국가를 통치하기 시작했다.

오랫동안 투라벡이 결혼을 하지 않자 원로들은 누군가와 결혼할 것을 요구했다.

하지만 호레즘의 어떤 사람도 투라벡에게 청혼할 용기가 없었다.

오직 한사람 굴게르단만 털어놓고 사랑을 고백하고 온 세상에 그 누구도 보지 못한 아름다운 건물을 그녀에게 선사하겠다고 약속했다.

투라벡은 허락을 하되 조건을 달았다.

만일 약속을 어기거나 건물이 마음에 안 들면 벌을 받게 될 것이라는 것이다.

굴게르단은 너무나도 아름다운 건물을 지었으나 투라벡은 건물이 작다는 것이다.

그래서 젊은 마스터는 다른 건물을

지었다. 이번에도 변덕스러운 투라벡은 그것도 마음에 들지 않는다고 했다.

그녀는 돈만 낭비했다고 하면서 마스터를 비난하고 꾸짖기 시작했다.

어느날, 샤랍에서 한 거룩한 성자가 그녀에게 와서 이 건물을 자신에게 팔라고 부탁했다.

투라벡 하늠은 새 건물을 팔고 싶지 않아서 성자에게 말했다.

"그러면 이 건물을 금으로 채우세요."

성자는 건물의 돔 위로 올라가서 그 꼭대기의 구멍으로 소매를 내렸다.

금화가 소매에서 떨어지면서 건물 전체를 가득 채웠다. 성자는 투라벡에게 물었다.

"이만하면 충분하지 않는가?"

그녀가 대답하되

"아끼지 말고 더 채우십시오."

성자가 계속 채우자 돔이 넘쳐 버리고 끝내 무너지고 말았다.

그 이후 건물의 돔에는 균열과 구멍이 생겼다.

금화는 일곱 부분으로 나뉘어 쓰였는데 그 중에 다섯 부분은 호레즘의 고아, 과부, 회교 학교 학생, 장애인과 가난한 사람들에게 전달되었다.

또 한 부분은 미래 세대를 위해 구르간즈의 구석마다 뿌려졌다.

이 때문에 지금도 구르간즈에서는 금화가 발견된다고 한다.

일곱 번째 부분은 국고에 돌려주었다.

그리고 젊은 마스터는 세상에 더 없는 새 건물을 짓기 시작했다.

굴게르단은 투라벡에게 약속을 지키라고 했다.

이 말에 투라벡은 굴게르단이 페쉬탁(전면 아치)에 올라가 아래로 뛰라고 했다.

만일 살아남으면 그가 진짜로 자기를 사랑하는 증거이기 때문에 그의 아내가 되겠다고 말했다.

마스터는 페쉬탁에 올라가 아래로 뛰었고 많이 다쳤으나 죽지는 않았다.

7일 계속 그를 위해 기도를 했으나 그의 영혼은 육체를 떠나지 않았다.

그 때 장로들은 투라벡에게 "내 몸은 당신에게 속한다"라고 큰소리로 말하라고 했다.

그녀가 이렇게 세 번을 외치자 마스터의 영혼이 하늘 나라로 떠났다.

투라벡-하늠의 사원 지하에 방이있는데 거기에 마스터가 매장되어 있으며 투라벡을 위한 자리도 마련했다고 한다.

쿠냐우르겐치(Koneurgench)의 첨탑

상인들

나 미래 학자들 중의 한 명을 보여 달라고 부탁했다.

신은 사랑하는 무함메드의 영혼을 보내고 싶지 않았다. 그래서 대신에 무함메드라는 학자를 보냈다.

이 학자는 무사 앞에 나타나 관습에 따라 환영했다.

무사는 환영에 답하고 그의 이름을 물었다.

학자는 "나의 이름은 파흐르 아드-딘 아부 압달라흐 무함메드 이븐 알-하산 알-쿠라쉬 아트-타미미 아드-바크리 아르-라지(Fahr al-din Abu Abdallah Muhammad ibn al-Hasan al-Qurashi al-Tamimiad Bakri ar-Razi)이다."

그때 무사는 성을 내면서 학자에게 "왜 그렇게 오래 말하는가? 간단히 나는 무함메드라고 소개해도 된다"라고 했다.

이에 아르-라지가 무사의 말에 "오, 무사여. 자네 손에 무엇이 있는가?"라고 파라오가 물었을 때 간단히 지팡이라고 답하지 않고 자네가 나의 양 떼를 몰기 위한 것이며 만일 원한다면 그것을 뱀으로 변하게 할 수 있다"라고 말했다.

이 말은 코란에서 나오는 한 구절인 '알카사스(al-kasas)'이다.

이 말을 들은 무사는 장래의 예언자들이 자기보다 나으며 무함메드 공동체 학자들이 다른 예언자들보다 더 우수하다는 것을 깨달았다.

왜냐 하면 이 학자는 세상에 육체로 태어나지 않았는데도 이미 무사와 파라오와의 이야기에 대하여 알았기 때문이다.

이 사실로 인해 무사는 크게 화가 나서 분노에 라르-라지의 얼굴을 치려고 했다.

무사가 때리려고 손을 위로 쳐들었을 때 누군가의 손이 손목을 꼭 잡고 있으며 다른 손은 라르-라지의 머리를 옆으로 돌렸다.

무사는 새로 나타난 사람을 보았다.

그는 과학자를 옹호하는 예언자 무함메드였다.

그 즉시 두 사람은 사라졌으며 그것은 신이 미래의 학자와 무함메드의 영혼을 보낸 것이다.

파흐르 아드-딘 아르-라지가 태어났을 때부터 목이 비뚤어진 상태였다고 한다.

그것은 화가 난 무사로부터 구원하려고 나타난 예언자 무함메드가 세게 그의 머리를 옆으로 돌렸기 때문이라고 한다.

예언자들은 일격으로 죽일 수 있고

호레즘의 테케시 (Tekesh) 능묘

일-아르슬란(Il Arslan) 사원

성자들은 일생 동안 불구자로 만들 수 있다고 한다.

무사가 여섯살 때 화를 내면서 사람을 죽였다고 전해졌다.

우리 노인들은 이 모든 것이 코란의 한 주석에 적혀 있다고 한다.

우리 조상들의 종교와 밀접히 연관된 쿠냐우르겐츠의 또 하나의 기념물은 네드즈넨진 쿠브르(Nejmeddin Kubra)의 능묘다.

호레즘에서 가장 유명한 왕의 무덤 위에 세워진 묘비에 대하여 두가지 설이 있다.

첫 번째 설은 훌라구 이교도가 호레즘을 파괴했을 당시 네드즈메딘 쿠브르를 죽였다고 한다.

"쿠브르에게 충실한 한 젊은이가 있었다. 이 청년은 쿠브르를 정성으로 도왔다. 쿠브르의 애제자인 자밀드잔(Jamiljan)이 자리를 비우게 되면 청년은 그 제자의 역할을 수행하였다. 적들이 호레즘을 점령했을 때 이 청년은 포로로 잡혀 타국으로 끌려갔다."

뒷이야기는 잠시 뒤로 미루기로 한다.

전설에 따르면 호레즘 왕에게 조카가 있었는데 왕이 죽은 이후 그도 죽은동족들보다 더 나을 것이 없다고 하면서 그들처럼 끝까지 싸우다 죽겠다고 말했다.

그는 40인의 기마병과 협의한 다음 그들의 승인을 얻어 전쟁에 나가 적진을 공격하여 적을 섬멸시켰다.

그는 호레즘 왕이 되어 안정과 평화를 되찾았고 파괴된 것을 복구했다.

그러나 그는 네드즈메딘 쿠브르의 유해를 찾지 못했기 때문에 무덤에 묘비를 세우지 못했다. 이 때문에 그는 마음이 무거웠다.

한편 조카의 승리를 들은 칭기스칸은 군대를 거느리고 친 강을 넘어갔다. 칭기스칸의 군대는 모두 이 강에 빠지고 자신은 도망쳤다.

포로로 잡혀갔던 네드즈메딘 쿠브의 제자 역할을 한 이 청년은 고국의 소식을 듣고 호레즘으로 돌아가기를 원했다.

그는 쿠히스야흐산에 도달했을 때 산을 넘지도 못하고 날아 가지도 못하는 것이었다.

그리고 그 지역은 싱싱한 풀과 뚱뚱한 가축 무리들로 풍부했다.

그곳에 사는 한 대지주는 이 낯선 청년에게 일자리를 주겠다면서 그를 초대했다.

대지주는 일꾼들을 사십일 동안 먹

상인들의 모임

여주고 단 하루만 일을 시킨다고 했다.

  40일이 지나자 대지주는 송아지를 잡고 가죽을 벗겼다. 그리고 그 가죽으로 자루를 만들었다.

  젊은이가 자루에 들어가자 대지주는 자루의 입구를 꿰매 버렸다. 그리고 자루를 거대한 새가 날아다니는 높은 산으로 가져갔다.

  새가 가죽을 잡아 찢고 살아있는 사람을 보자 날아갔다.

  청년이 산봉우리에 있는 보석들을 아래로 던지자 대지주는 그것을 주워 모아 낙타에 싣고는 청년에게 돌아오는 길을 가르쳐 주지 않고 가 버렸다.

  청년은 산봉우리에서 죽은 사람들의 뼈를 보고 절망에 빠져 울었다. 그리고 네드즈메딘 쿠브르를 회상하면서 잠이 들었다.

  꿈에서 한 남자가 나타나 이 산에서 살아 돌아간 사람이 아무도 없다고 했다. 하지만 청년은 호레즘으로 갈 것이라고 말했다.

  청년은 새 호레즘 왕에게 쿠브르의 안부를 전하면 왕은 족장이 죽은 자리를 찾도록 도와줄 것이다.

  그리고 일어나서 옆에 있는 여우의 뒤를 따르라고 말했다.

  잠에서 깨어난 청년은 여우를 보았

다. 여우를 따라 천막까지 왔는데 천막 안에서 잘 아는 목소리가 들렸다.

청년이 초대를 받아 천막에 들어가니 전 세계 족장들의 스승이자 호레즘의 지도자 족장-순교자들 중 위대한 네드즈메딘 쿠브르를 만났다.

그와 함께 자밀드잔(Jamiljan), 시하바딘(Shihabaddin), 샤라프의 족장 그리고 이븐 하집(Ibn Hajib)이 그 자리에 함께 있었다.

위대한 족장이 말했다.

"내 아들아! 너는 한번 죽음에서 살아났다.

우리와 같이 있으면서 순교자로서 목숨을 받치겠나 아니면 고국으로 돌아가고 싶은가?"

청년은 "만일 허락한다면 고국으로 돌아가고 싶습니다."라고 대답했다.

그때 족장이 호주머니에서 수박씨를 꺼냈다.

씨는 겉은 흰색이지만 안은 빨간색이었다. 이런 씨를 위대한 족장에게 경의를 표하기 위한 '샤히디(Shahidi)'라고 부른다. 족장은 청년에게 그의 땅과 지다(Djida) 나무를 기억하는지를 물었다.

족장은 지다 나무에서 팔 길이로 열 번 째 되는 자리에 이 씨앗을 심으라고 명령했다.

새싹이 나오면 동쪽으로 뻗쳐진 줄기를 제외하고 전체 줄기들을 잘라내면 남은 한 줄기에서 수박 열매가 두 개 맺을 것이다.

하나의 수박은 이 줄기의 북쪽에 있으며 다른 하나는 남쪽에 있을 것이다.

남쪽 수박 밑에 족장의 머리와 신체가 있을 것이다.

족장은 자말드진 제자에게 젊은이를 배웅하라고 시켰다.

제자가 청년과 세 걸음을 옮겼을 때 그에게 말했다.

"너는 이미 고국에 와 있다!"

사람들이 청년을 알아보고 호레즘 왕에게 데려갔다.

청년은 자기의 불운을 털어놓고 씨앗을 건네 주었다.

네드즈메딘 쿠브르 족장이 매장된 거룩한 자리를 심어놓은 수박씨로 찾아낸 것이다.

그의 묘비는 유명하며 전 세계에서 알려졌다.

두번째 전설은 다음과 같이 전해지고 있다.

하루는 초라한 노파 한 명이 네드즈메딘 쿠브르를 자기 집으로 초대했다.

노파의 오막살이집은 크고 잘 가꾸어

술탄 알리의 능묘

진 정원 쪽으로 기울어졌다. 족장은 호레즘에서 이렇게 아름다운 정원을 본적이 없었다.

노파가 말하길 그것은 정원이 아니라 호레즘의 왕들이 매장된 옛날의 묘지라고 말했다.

족장은 노파를 칭찬하고 무덤을 잘 관리한 것에 대해서 경의를 표했다.

그때 노파가 왜 족장을 초대했는지를 말했다. 그 이유는 단순히 족장에게 식사를 대접하기 위한 것이 아니라 노파가 새벽에 꿈을 꿨는데 족장이 죽을 것이며 적들이 이 정원에서 그의 머리를 벨 것이라고 말했다.

그런 다음 노파는 족장이 죽는 자리를 가리켰다.

족장은 기뻐하면서 노파에게 감사를 표하고 그때부터 죽을 때까지 매일 아침 그녀가 가리킨 자리에서 기도를 올렸다.

네드즈메딘 쿠브르의 능묘 맞은 편에는 더 늦은 시기에 만들어진 기념물이 있다.

이 능묘의 주인은 술탄 알리(Ali Soltan)이다.

이 이름을 가진 역사적 주인공은 없으나 한 지역에 오래 산 사람들에 의하면 이 능묘는 같은 이름의 투르크멘데스탄 주인공들인 유수프(Yusup)과 아흐메드(Ahmet) 형제들의 삼촌이라고 한다.

이 묘지의 기념 건축물과 조화를 이루는 건축물로 최근에 복원된 피리야르 벨리(Piryar Veli)의 능묘가 있다.

그는 과거 호레즘에서 유명한 마흐무트 파흘라반(Mahmut Pahlavan)의 아버지였다.

전해지는 이야기에 의하면 우리 조상들은 히바에 있는 마흐무트 파흘라반의 묘를 방문하기 전에 우선 쿠냐우르겐츠에서 그의 아버지 묘를 방문해야 한다.

그러나 투르크멘 학자들에 의하면 동양 전체를 통틀어 자기의 힘과 능력으로 명성을 떨친 마흐무트 파흘라반은 다쇼구즈주에 있는 이스마미트 아타(Ysmamyt Ata) 묘지에 잠들어 있다고 한다.

피리야르 벨리는 아들에게 히바로 떠나라고 했으나 마흐미트는 본국에서 멀리 떨어진 변방으로 가고 싶지 않았다.

아버지는 아들의 마음을 알아 채우고 말했다.

"우리가 변방이 될 것이고 네가 중심에 있게 될 것이다."

그의 말대로 점차 구르간즈는 쇠퇴하여 폐허가 되면서 히바가 호레즘의 수도가 되었다.

이것을 피리야르 벨리가 예언했는데 그는 거룩한 예언자였기 때문이다.

학자들의 수많은 논문들에서 히바의 투르크멘인들 사이에 피리야르 벨리와 가까운 사람들에 대한 전설들이 전파되었다는 것을 확인할 수 있다.

피리야르 벨리에게 삼 형제가 있었다.

오늘날 가죽 및 모피 외투 재봉 직공들과 빗자루와 단 것들을 만드는 사람들은 특별히 형제들이 매장돼 있는 곳을 순례하고 있다.

여기서 옛 구르간즈 사람들이 제일 먼저 단 것-'나바트' 제조 기술을 익혔다는 것을 언급할 필요가 있다.

쿠냐우르겐츠의 주요 기념비들로부터 조금 떨어진 곳에 전 요새 벽의 바깥쪽에 이븐 하집(Ibn Hajib)의 능묘와 회교 신학교가 위치하고 있다.

전설을 통해 알려진 것은 다음과 같다.

이븐 하드지브가 열 살의 어린 나이에 구르간즈 최고 회교 학교(메드레세)의 교사가 되었다.

메드레세에는 40개의 첨탑이 있었으며 4만명의 신학생들이 교육을 받았다.

소년의 지식을 이용하며 그 지식을 종이에 기록하기 위해 메드레세에 호부즈(Khovuz; 수영장)를 파냈으며 소년은 조그만 보트를 타고 수영장의 네 방향 가장자리에 다가가서 여러 분야의 학문 지식을 받아쓰게 했다.

하루는 투스(Tus)라는 도시에서 어떤 학자 한 명이 이븐 하집을 찾아 왔다.

이 학자는 10년 동안 단 한 권의 책을 썼다. 그는 소년에게 자기 책에 대한 논평을 부탁하고 도장을 찍어달라고 부탁했다.

이븐 하집은 그의 저서가 마음에 들지 않다는 표시로 책을 가슴에 얹은 채 고개를 저으며 논문을 호부즈에 던지면서 말했다.

"물속에 조약돌을 던졌을 때 나는 유쾌한 소리처럼 들려야 하는데 당신의 책은 그렇게 들리지가 않습니다."

투스인은 매우 화가 나서 자신의 책을 돌려달라고 했다.

그때 소년은 자기 제자들에게 전 수업 내용에 대해 기억나는 대로 써 보라고 했다.

투스인이 계속해서 논문을 돌려 달라고 고집을 피웠다.

결국 이븐 하집은 수염이 센 한 제자에게 물에서 책을 건져내라고 시켰다.

제자가 논문을 건져내어 이븐 하집에게 건네주었는데 책은 건조한 상태였다.

소년이 그 책을 가볍게 두드렸더니 물 대신 먼지가 나왔다.

그는 제자들에게 두 책의 내용을 비교해 보라고 말했다.

제자들이 기억해서 적은 내용이 더 나은 것으로 밝혀졌다.

투스에서 온 학자는 마음에 모욕을 품고 강한 왕을 찾아 동쪽으로 떠났다.

그는 그 나라 왕을 위해 봉사하는 대가로 자신이 받은 모욕에 대해 복수해 줄 것을 요청할 계획이었다.

그런 생각으로 한 나라에 도착하여 칭기스칸의 옆에 있으면서 여러 가지 심부름을 하는 일을 하였다.

투스인은 군대를 이끌고 호레즘으로 쳐들어 갔다.

그들은 구르간즈를 파괴했고 투스인의 요구에 따라 이븐 하집을 죽였다.

알리 아르-라미타니(Ali-ar-Ramitani) 아니면 에지즈잔(Ezizjan) 묘와 관련된 또 하나의 전설을 소개하겠다.

우르겐츠 근방에 사는 노파가 에지즈잔을 찾아와 며칠 전에 강도들이 노파의 하나뿐인 아들을 끌고 갔다고 하면서 에지즈잔의 도움을 구했다.

에지즈잔은 친구들과 함께 노파의 집에 왔다.

노파가 그들을 대접하려고 했다.

그런데 에지즈잔은 노파의 아들이 돌아 올 때까지 대접을 받지 않겠다고 말

피리야르
벨리
(Piryar Weli)의
능묘

했다. 그러자 즉시 노파의 아들이 들어왔다.

노파는 아들에게 어떻게 된 것인지를 물어봤다. 아들은 강도들이 그를 끌고 가고 있는데 어떤 단정한 사람이 나타나서 그의 묶인 손을 풀어줬다고 말했다.

그래서 집으로 왔다고 말했다.

그때 노친은 지금 앉아 있는 손님들 가운데 그를 구해 준 사람이 있는지를 물었다. 아들이 에지즈잔을 가리키며 이분이 자기의 손을 풀어주었다고 했다.

모두는 이것이 에지즈잔이 일으킨 기적 중의 하나라고 확신했다.

체키르트게 아타(Chekirtge ata) 묘지라고 부르기도 하는 또 하나의 성지에 대한 이야기가 전해지고 있다.

하루는 왕이 체키르트게 (귀뚜라미)라고 지칭하는 은자를 불러 자신의 신성함에 대한 소문의 진실을 밝히려고 했다.

은자가 왕실에 들어 오기 전에 귀뚜라미가 날아왔다. 왕은 귀뚜라미를 잡아 손에 감췄다.

은자가 들어오자 왕은 그를 보고 물었다. "지금 내 손에 무엇이 있는가?"하고 물었다.

은자는 운명의 곡절, 이 세상의 권력 있는 사람들과의 만남에 위험을 간직하

이븐 하집
(Ibn Hajyb)의
능묘

고 작은 소리로 대답했다:

"오, 불행한 체키르트게여! 왕의 손에 잡혔구나." 왕은 이 말에 깜짝 놀라 손에서 귀뚜라미를 떨어뜨리고 은자에게 선물을 주고 보냈다.

고대 정착지인 데브케센(Devkesen) 요새 벽과 우스쭈르트(Ustyurt) 고원의 테라스 위에 건설 된 건축물로 오아시스 북부에 위치하고 있다. 건물의 이름에는 '요새가 악마에 의해 잘리다'라는 뜻이 있다.

고대 정착지에 대한 실제 이야기는 기원전 6 세기부터 3 세기에 시작되며, 학자들은 이 정착지를 비지르 (Vizir)시와 동일하게 보고 있다.

튼튼한 성채와 성이 있는 이 도시를 거쳐 중세기 시대에는 루시(Rus; 고대 러시아 명칭)쪽으로 카라반이 지나갔고원의 가장자리에 위치한 도시의 변두리에는 커다란 대성당 사원 유적지와 그 옆에 두개의 영묘가 있으며 그 건축물의 역사는 파르하드와 시린의 전설적인 이름과 관련되어 있다.

이 지역에 대한 이야기로 오래전에 다리얄리크(Daryalyk)와 사릐카므(Sarykamysh), 고대 아무다리야 강의 줄기 지역에 강력한 권한을 행사한 에드헴(Edhem-shah)이라는 군주가 있었다고 전해지고 있다.

그에게는 시린(Shirin)이라는 예쁜 딸이 있었다. 딸은 석공인 파르하드를 사랑했다.

두 사람의 결혼을 반대하지만 드러내놓고 반대하게 되면 딸이 매우 슬퍼할 것이라는 것을 알고 있는 왕은 우스쭈르트 바위에 참호를 파고 보루를 쌓는 사람에게 딸과 결혼시키겠다고 말했다.

파르하드는 비록 재능 있는 석공이었지만 혼자 하기에는 매우 어려운 작업이었다.

그는 쉬지 않고 날마다 작업을 계속했다.

한편 시린이 한 가지 꾀를 내었다.

그녀는 밤마다 천명의 노예들에게 일을 시켰다.

시간이 얼마 지나자 요새와 참호가 완성됐다고 왕에게 보고했다.

깜짝 놀라고 분노한 왕은 의심스럽고 수상하다고 하면서 완성된 요새와 파여진 참호는 사람의 손이 아니라 악마가 관여했다고 외쳤다.

그럼에도 불구하고 왕은 자신이 한 약속을 지켜야 했다.

딸을 서민인 석공과 결혼시키지 않기 위하여 왕은 꾀를 부렸다. 밤에 노예 천명을 시켜 한 부지에 참호를 파도록 하였다.

다음날 아침이 되자, 그는 딸에게 "봐라, 오늘 파르하드가 일하지도 않았는데 데브가 그의 일을 해놓았다. 거짓말을 하는 파르하드와 결혼시킬 수는 없다."

비탄에 빠진 파르하드는 결국 죽고 말았다.

여기에서 '데브로 하여금 죽여진'의 뜻을 가진 '데브케센'이라는 이름이 유래하게 된다.

파르하드가 죽은 다음 시린도 죽었다.

비통함을 감추지 못한 왕은 후회하면서 딸과 그녀의 연인을 위해 두개의 묘지를 나란히 세우라고 명령했다.

쿠냐우르겐츠에서 서쪽으로 사릐카미시(Sarykamysh) 방향으로 가면 카라반은 만그르(Mangyr)고지에 도달한

실크로드의 경로를 따라

다.

오늘도 고지의 봉우리에서 도시와 근교의 폐허들을 볼 수 있다.

현재 그 곳은 만그르 갈라(Mangyrgala)라고 알려져 있지만 현지인들은 할랍(Halab)이라고 부른다.

이 명칭은 시리야 도시 할랍(또는 알레포)가 변형된 명칭인데 투르크멘 '샤세넴&가륩(Shasenem & Garyp)' 민요에 등장한다.

아무다리야강 사리카므시(Sarykamysh) 삼각주에서 멀리 떨어지지 않은 중세기 도시 두 곳이 이 민요에 나온 이름을 가지고 있다.

이 도시들은 세마하(Shemaha)와 디야르베키르(Diyarbekir)로 카프카즈와 터키에 잘 알려진 도시들이다.

오아시스와 카라쿰사막의 남쪽 경계선에 위치한 중세기 도시 수부른(Suburn)의 폐허들은 투르크멘 전통에 따라 '샤세넴'이라고 부른다. 이것들은 모두 투르크멘 민요에 등장하고 있다.

가립과 샤센의 사랑 이야기는 중앙아시아 뿐만 아니라 오구즈족 사이에서도 잘 알려져 있는 설화이다.

이 설화는 뒤 늦게 고르쿠트 아타 서사시의 세 번째 설화에 포함됐다.

학자들은 민요(데스탄)는 이 이야기들을 근거로 지어졌으며 이 데스탄에 묘사된 16-17세기 사건들은 좀 늦은 시기

샤세넴(Shasenem)과 가립(Garyp) 전설

알리 아르-라미타니(에지즈잔) 묘

에 있었던 것으로 문학적 편집과 관련되었다.

작품의 등장 인물들은 두 그룹으로 나누어졌다.

한쪽은 디야르-베키르(Diyarbekir)의 통치자와 그의 아내, 그리고 궁중의 부하들로 되어 있고 다른 한쪽은 가립(Garyp), 샤세넴(Shasenem), 아크자(Akja), 에즈베르호드자(Ezber-hoja), 가립의 어머니와 누나 그리고 그들을 동정하는 모든 사람들이다.

첫 그룹은 정권을 상징하며 대표적인 인물은 샤압바스(Shaapbas)이다.

어느날 그가 사냥을 하다가 만수르바이(Mansurbay) 연못 옆에 멈춰 섰을 때 주인의 딸을 보고 반했다.

그녀를 가지기 위해 왕은 그녀의 남편 카라반을 공격하고 여자를 약탈한다.

다음날 사냥을 나갔다가 산에서 자기의 딸 샤세넴을 만난다. 그런데 정욕에 눈이 멀어 딸을 알아보지 못한 채 그녀에 아름다움에 놀라 기절한다.

이것이 샤세넴을 부끄러움으로부터 구원했다.

가립을 없애기 위하여 샤압바스는 자기의 재상과 40명의 기마병을 보내 샤세넴의 궁전 옆에 매복하게 한다.

반면에 연인을 구하기 위해 샤세넴은

데브케센
(Devcesen)
요새

재상과 그의 수행원들을 매수했다.

사압바스와는 대조적으로 가립은 친절하고 관대했다.

그는 자기 가족을 진심으로 사랑하고 아꼈다. 죽은 그의 아버지 하산(Hasan)도 재상으로서 착하고 정직한 사람이었다.

그는 죽으면서 아들에게 다음과 같이 말했다.

오, 내 아들아 나는 이 세상을 떠난다. 아버지인 내가 너를 결혼시키지 않았다고 원망하지 말라. 너는 왕의 딸과 정혼한 사이다. 오래전에 왕이 나에게 약속을 했다. 내가 죽어도 왕은 자신의 딸과 너를 결혼시킬 것이며 너를 사위로 삼고 재상으로 삼을 것이다. 그러니 슬퍼하지 말라."

투르크멘 가장들의 염려와 의무 중의 하나는 아들에게 가정을 꾸리게 하는 것이다. 때문에 재상 하산의 걱정을 이해할 수 있다.

투르크멘 전통에 의하면 아버지가 죽은 다음에 아들이 가장이 된다.

가장은 가정을 지키고 명예를 보호해야 하며 처녀가 있는 집은 더욱 주의해야 한다.

가립이 떠난 이후 그의 어머니와 누이가 걱정하면서 밤낮 우는 바람에 시력을 잃는다.

그런데 샤아압스와 그의 부인은 하나뿐인 자기 딸에게 전혀 다르게 대한다.

오랫 동안 딸은 부모 때문에 생긴 괴로움을 참고 있었다.

그들과 달리 가립의 어머니 아바단(Abadan)은 아들을 매우 사랑하고 애정 어린 사람이었다.

그녀는 아들에게 근면성과 정직성을 심어준다.

아바단은 "만일 사람이 자기 노력으로 재산을 만들지 않으면 그런 재산은 영원하지 못할 것이다"라고 말한다.

데스탄은 가립에게 사랑에 대한 충실성과 불변의 특질을 부여했다.

그는 오직 샤셈만 사랑하며 그녀에게 충실했다.

그가 바그다드로 왔을 때 왕은 가립이 이웃 나라의 공주와 결혼하라고 했지만 가립은 이웃 나라의 공주에게 눈길조차 돌리지 않았다.

할랍 시르완(Halap-Shirvan)에서 빵집 주인의 딸이 그에게 반한다. 가립은 그녀에게도 전혀 관심을 두지 않았다.

그녀의 감정을 존중하여 그가 왜 답하지 못하는가를 설명했다. 끝으로 테브리즈(Tabriz) 여왕이 결혼을 청했다.

가립은 주저하지 않고 여왕의 제안을 거절했다. 샤세넴은 모든 면에서 가립의 훌륭한 연인이다.

그녀는 겸손하며 온화하며 사랑에 충실하며 동시에 그녀의 행복을 위협하면 단호하고 대담하게 맞설 줄 알았다.

아버지의 분노에도 불구하고 그녀는 두려워 하지 않았다.

그녀는 몇 번이나 가립을 자기 궁전에 숨기면서 그의 목숨을 구했다.

그녀는 진심으로 가립을 사랑했기 때문에 아무 것도 그녀를 막을 수 없었다. 가립을 위해 그녀는 자신의 목숨을 바칠 수 있다.

샤세넴이 구현한 온화한 투르크멘 처녀의 특질은 다른 사람들에게도 나타난다.

자기 하녀의 비애와 에즈베르-호자(Ezber-hoja)에 대한 사랑을 알고 그녀를 가장 가까운 친구처럼 대하고 그의 불행을 동정했다.

샤세넴은 왕의 딸로서 자기 궁전이 있었으며 그녀의 시중을 드는 하녀가 있었다.

샤세넴은 진실의 모습을 보여준다.

이 데스탄을 부른 민요가수(바흐시, Bakhshi)의 노래를 들은 투르크멘 처녀들은 샤세넴의 행동에서 자신들의 특성을 발견할 수 있다.

그녀는 사랑하는 사람을 그리워하면서 강에 뛰어 들 수 있으며 가립을 찾아 함께 있기 위해 자신의 집에서 도망쳐 연인과 멀리 도망치고 싶었다.

연인의 옆에 있을 때 그녀는 사랑스러웠고 상냥했으며 행복했다.

'샤세넴과 가립'이라는 제목으로 오페라가 만들어졌고 투르크멘 극장 무대에서 성공적으로 공연되었으며 2010년에는 마흐툼쿨리 투르크메니스탄 국립 음악연극 극장에서 재현되었다.

이렇게 과거의 메아리가 오늘까지 전해지는 고대 전설의 보물이 창조된다.

투르크멘의 땅은 세계사의 연대기에 황금 글자로 새겨져 있다.

그리고 구르간즈의 유명 인사들의 이름이 연대기에 영원히 기록되어 있다.

우리가 소개한 깊은 지혜로 물든 민간 전설들은 무수한 지식의 보물 중 일부에 불과하다.

먼 여정을 계속하며...

제6장

옛이야기의 세계에서

독여러분들 중에는 이 책에 가져온 옛 이야기들과 전설들이 동쪽의 다른 민족의 구비 문학과 적지 않게 유사하다는 것을 눈치 챘을 것이다.

서서히 그리고 눈치채지 못하게 이야기 구성의 상호 교환이 이루어졌다.

이러한 교환의 결과로 새로운 소재들이 생겨나고 새로운 이야기들이 만들어졌다. 이 교환 과정에서 이웃 민족들의 전설들과 옛이야기들이 투르크메니스탄 전설들과 옛이야기들에 영향을 끼쳤을 뿐만 아니라 반대로, 투르크메니스탄의 소재들과 이야깃거리들도 다른 민족들의 구비문학에 영향을 끼쳤다.

많은 경우에 이것은 영향뿐만 아니라 주요 서사선 뿐만 아니라 많은 부차적 내용도 보존하여 실질적이고 직접적인 차용도 있다.

여기에 전반적으로 주제들이 상호 교차한다. 이 모든 과정은 매우 복잡하다.

전문가들은 동일한 구성의 존재가 다양한 민족들에게 반드시 그것의 차용에 대해서 말하는 것만은 아니라고 생각한다.

구전으로 전해지는 이야기의 상당 부분은 모든 민족에게 있는 공통의 특징을 갖고 있다. 모든 사람들은 그들 사이에 맺은 관계와 상관없이 동기에 의해 서로 충족될 수 있다.

때문에 그들은 단지 '방랑하는 것'이 아니라 각 민족마다 존재하는 일상의 형태와 시선이 전 인류적·내재적 표현이다.

발전 진행의 유사성이 발생되고 사고의 유사성도 생겨난다.

다른 민족에게서 자기 민족의 혼과 필요에 따라 요구되는 것만 받아들여졌고 일상에 깊이 파고들었다.

모든 차용은 메커니즘을 따르는 것이 아니라 민족의 특수성 영향하에 창작성이 개작되었다.

차용한 옛이야기의 구성과 소재들은 새로운 지리적, 역사적, 사회경제 그리고 문화적 조건에 따른다.

그것들은 민족적 일상의 세부로 뒤덮였고, 자신들과 지역 간에 독특한 예술적 구도가 되었다.

옛 도시의 상점들

차를 마시는 동안

그들은 바로 이 민족의 삶의 조건, 다시 말하면, 민족성의 조건에 따랐다.

이것은 전적으로 해당 민족의 정신과 풍속에 부합하는 그들의 친척들과 가까운 이들에 의해 행해졌다.

즉, 외국이 아닌 그들 민족의 이야기들에 의해 행해졌다.

그렇게 투르크메니스탄에 신비로운 모험들, 매혹적인 불가사의, 용감한 영웅들과 슬픔과 기쁨을 가진 평범한 사람들에 관한 다채로운 이야기 덩어리가 생겼다.

특히 옛이야기는 우리나라 사람들에게 잘 알려져 있고 사랑을 받고 있다.

과거 투르크 민족의 생활 조건들은 이야기 작품의 전파와 발전을 도왔다.

목동들은 일꾼들과 종종 마을에서 멀리 떨어진 목장에서 몇 주를, 몇 달을 보내면서, 옛이야기를 이야기하는 것으로 시간을 때웠다.

이동 방식이 영향을 미쳤다. 크고 외진 공간에, 어느 정도 먼 거리를 가는 길손들은 그룹으로 집결했고 통상 카라반은 말할 것도 없이, 약대, 말, 그리고 당나귀를 타고 함께 움직였다.

속도가 상당히 느렸다. 휴식을 취하고 가볍게 식사하고 동물들에게 먹이와 휴식을 주기 위해 지속적으로 멈춰야 했기 때문이다.

카라반이 정류할 때, 대화를 더 이상 이어가기 어려울 때면 옛이야기로 이야기를 시작했다.

도시에서도, 그리고 큰 마을에서도 옛이야기를 들려주는 것을 좋아했다.

게다가 장날에는 이곳저곳에서 온 민족들이 모였고, 시장에서 소란스럽게 야단법석을 편 후에, 사람들은 카라반 사라이에서, 차이하나에서 쉬었다.

아울(중앙아시아 유목민족의 행정단위) 또한 이야기 전파를 위한 자신들의 조건을 가졌다.

유르트에 둘러 앉아 아는 사람들과 이웃들이 모여 소식을 교환한 후에는 으레 누군가에게 옛이야기를 할 것을 부탁했다.

이야기꾼은 주로 노인들이었다. 대부분 가정에서 노인들이 하는 일은 많지 않다.

그들은 한가롭게 지내기도 하고, 원두밭을 지키는 등 별로 중요하지 않은 일을 한다.

반면에 옷을 만드는 일과 같은 꼼꼼한 작업은 여성의 힘이 필요했다.

여성들은 물레질과 실, 양모 가공, 봉제 및 수놓는 일들을 한다.

이 때 노인들은 전설과 이야기들을 아이들에게 한다.

이야기를 하는 사람의 집에는 여자들과 아이들뿐만 아니라 이야기를 듣기 위해 남자들도 모여 든다.

이 모든 것이 옛이야기의 발전과 전파를 도왔다. 우리는 자주 들려주는 이야기에서 교훈을 얻는다.

여기 목동들은 들판에 피운 모닥불 앞에 앉아서 서로에게 옛이야기를 해주거나 지나가는 길손의 이야기를 듣는다.

상인들은 차이하나에 모이거나 누군가의 초대를 받아 손님으로 갔다.

카라반들이 도시에 도착하면 부유한 도시민은 그들을 초대했다.

융성한 대접 후에 그들이 여행할 때 보고 들은 놀랍고 기적적인 이야기를 해 달라고 부탁했다.

'파디샤흐의 딸 칼림' 이야기에서, 고

여로 준비

관들이 파디샤흐의 아들 앞에 앉아 있고 그들 중의 한 명에게 옛이야기를 해달라고 말한다.

손님들이 상인에게 왔을 때 '차픽 몰라(Chapyk Molla)'에서는 쁠로프가 만들어진다.

시간이 지남에 따라 손님들은 다른 것들을 이야기했다.

민속 명절이나 행사 때는 이야기꾼들이 몰려들었다.

모든 사회 경제적 환경은 오래전 투르크메니스탄 영토에 이야기 작품의 발전, 전파 그리고 새로 생긴 것뿐만 아니라 먼 시대에 만들어진 옛이야기의 보전을 도왔다. 이 이야기 보고는 우리 시대에도 보전되었다.

투르크메니스탄 이야기 중에 실제로 실크로드 여행과 관련된 것들이 적지 않다.

그것들 중의 하나로 '카라반바시'가 있다.

그리고 많은 이들이 어릴 때부터 들은 이 이야기를 기억할 것이다.

기나 긴 밤, 어머니 혹은 할머니가 자녀들 혹은 손자손녀들에게 들려 주었던 이야기이다.

먼 옛날에 한 사람이 살았는데 그는 카라반바시였다. 그는 물건을 싣고 카라반과 함께 이곳 저곳을 다녔다.

여러 달과 여러 해가 지났다. 이제는 너무 늙어 예전같이 언제든지 어디로 갈 수 없었다.

날이 갈수록 그는 늙어 갔다.

그러던 어느 날 고향 사람 몇 명이 먼 나라로 곡식을 가지고 떠나기로 했다.

그리고 카라반바시에게 와서 다음과 같이 부탁했다.

"여보십시오, 아저씨, 우리의 안내자가 되어주십시오."

카라반바시는 도처에 그리고 여러 나라에 친구들과 아는 이들이 많이 있었고 어디가 무엇을 싸게 파는지와 어디에게 가면 무엇을 더 비싸게 팔 수 있는지 알고 있었다.

"이보게들,"

카라반바시가 대답했다.

"난 이미 늙었고 노쇠했네. 나 없이 해결해보게."

"무슨 말씀이십니까? 아저씨"

사람들이 말하기 시작했다.

"아저씨만큼 경험이 많은 사람은 없습니다. 누구도 당신을 대신할 수 없을 것입니다. 하지만 당신이 가지 못한다면 우리에게 당신의 남동생이 갈 수 있도록 허락해 주십시오."

"좋네"

카라반바시가 동의했다.

"남동생과 갈 바에는 내가 그에게 편지를 줄 테니, 여러분이 가는 그 도시에 내 지인들이 여러분을 도와 줄 걸세."

카라반바시의 고향 사람들은 떠날 채비를 했고, 카라반바시는 그들이 도착하는 그 도시에서 카라반바시 지인들의 도움을 받을 수 있도록 편지를 썼다.

카라반바시의 남동생이 천천히 말 위에 앉아 떠나려고 할 때 카라반바시의 아들이 부탁했다

"삼촌, 저에게 선물을 가져와 주세요!"

카라반바시와 마을 주민들은길로 나와 먼 길로 떠나는 카라반을 축복하면서 배웅했다.

"가시오, 그리고 신이 당신들을 보호해 주시기를!"

무사히 도착하고 또한 무사히 돌아오길 기원했다.

카라반은 길을 떠났다.

천천히, 서서히, 신의 도움으로 그들은 걷고 또 걷고, 가고 또 가고, 서두르고 서둘러서 마침내 향했던 그 도시에 도착했다.

며칠 동안 그들은 도시를 머물며 바

자르에서 물건을 흥정했고, 필요한 모든 것을 사들였다. 그리고 돌아가는 길을 준비했다.

카라반은 도시에서 떠나서 집으로 향했다.

그들이 첫 번째 쉬는 곳을 통과했을 때, 갑자기 카라반바시의 동생이 소리쳤다.

"오, 형의 아들에게 선물을 사다 주기로 한 것을 완전 잊었군요. 많은 것을 샀지만 정작 제가 조카에게 사주고 싶은 것이 없습니다. 그러니 여러분들은 가던 길을 계속 가십시오. 저는 되돌아가서 선물을 사겠습니다. 제가 다음에 쉬는 쉼터에서 여러분들을 따라 잡겠습니다."

카라반바시의 동생은 말을 타고 질주하기 시작했다. 한 두 시간 만에 다시 도시에 도착했다.

그는 바자르에서 작은 새를 파는 사람을 보았다.

"이 새의 이름이 무엇입니까? 그리고 얼마입니까?"

카라반바시의 동생이 물었다.

"이 새의 가격은 금화 100개입니다. 한 푼도 깎을 수 없습니다."

새의 주인이 대답했다.

"무슨 소리요? 주인 양반. 정말로 한 마리당 금액이 금화 백 개인 새가 있단 말입니까? 도대체 어떤 새이기에 그렇게 비싸단 말입니까?"

"이 새는 앵무새입니다. 그리고 이 새는 자랄수록 더 현명해집니다. 이 새는 사람처럼 말할 것이고, 지혜와 분별을 배울 것입니다. 이 새의 쓸모를 아는 사람에게 이 새는 많은 가치가 있습니다. 이 새는 행복을 가져다 줍니다. 만약 당신에게 돈이 충분하다면 이 새를 사십시오. 이 다음에 제가 진실을 말했다는 것을 스스로 발견하실 겁니다."

카라반바시의 동생은 금화 백 개를 주고 새끼 앵무새를 사서 돌아갔다.

그는 서둘러 간 덕분에 카라반을 두 번째 쉼터에서 따라잡을 수 있었다.

카라반은 도로와 황야를 횡단하며 계속해서 갔다. 그리고 마침내 자신들의 마을에 이르렀다.

카라반바시의 아들이 카라반과 마주쳤다. 그리고 카라반바시의 동생은 소년이 그들을 마중을 나왔다고 생각했다.

그러나 카라반바시의 아들이 자신의 아버지를 원망해서 집을 나온 것을 알게 되었다.

소년은 자신의 분노에 대해 이야기했고, 카라반바시의 동생은 그를 달래기 시작했다.

먼곳에서 도착한 소식

오면 너는 그것을 여기로 가져와서 이득을 보고 팔 수 있을 거야."

마메드는 돈을 그물 자루에 잘 넣고 길을 떠났다.

마침내 이웃 나라의 도시에 도착했다.

여기서 바자르에서 그는 가게를 발견했는데, 거기서 후추를 팔았다.

마메드는 판매원에게 후추를 금화 백 개에 내놓을 것을 요청했다.

가게 주인이 무게를 다는 동안 마메드는 주위를 둘러보았고 사람들이 황급히 한 방향으로 가는 것을 눈치챘다.

마메드는 후추에 관해 잊어버리고 그 사람들을 따라 갔다.

사람들이 정원 안으로 모여 들었다. 그곳에는 두타르를 연주하고 있는 두 명의 말쑥한 남자가 있었다.

그들은 유명한 음악가들이었고 무리는 즐거워하며 그들의 연주를 듣고 있었다.

"여기 내가 되고 싶은 것이 있구나."

마메드가 생각했다. 그리고 음악가들에게 다가가서 그들에게 말을 걸었다.

"즐거움을 준 두 분께서 저에게 7일 동안 두타르를 연주하는 것을 가르쳐 주신다면 얼마를 받으시겠습니까?

"만약 7일 동안이면,"

그들 중 한명이 대답했다.

"가르치는데 적어도 금화 백 개는 받아야 하네."

마메드는 금화 백 개에 동의했다.

음악가들은 마메드를 자신의 집으로 데려 가서 7일간 두타르 연주하는 것을 가르쳤다.

마메드는 그들에게 금화 백 개를 주고 집으로 돌아가는 길을 재촉했다.

마침내 고향에 도착했다.

아들을 발견한 아버지는 기뻐했다.

"그래, 아들아. 후추는 잘 사 가지고 왔니?"

마메드는 금화 백 개로 두타르 연주를 배웠다는 사실을 숨길 수 없었다.

다시 그에게 금화 백 개를 주면서 이번에는 반드시 후추를 사 가지고 오라고 했다.

곧 마메드는 그를 가르친 음악가들이 있는 도시에 도착했다.

그를 발견한 후추를 파는 상인이 화가 나서 큰소리로 말했다.

"이봐요, 내가 물건의 무게를 달 때 도대체 어디로 사라졌던 것이오?"

"그렇게 함부로 말하지 마시오."

화가 나서 마메드가 대답했다.

"저는 100군데에서 물건을 팔고 있소. 그렇기 때문에 동시에 도처에 있을

귀향

수는 없소. 쓸데없는 말로 시간을 낭비하지 말고 서둘러 금화 100개만큼 후추를 주시오."

판매원은 날렵하게 후추의 무게를 달기 시작했다. 이번에는 마메드는 결코 물건에 흥미를 갖지 못했다.

그리고 그는 연신 주위를 바라 보았다. 갑자기 그는 곁에 책과 공책을 가지고 뛰어가는 소년들을 발견했다.

마메드는 그들이 어디로 저렇게 서둘러 가는지 알고 싶었다.

그리고 후추에 대해서는 완전히 잊어버리고 그들의 뒤를 쫓아갔다.

소년들이 어떤 큰 문 앞에 서자 그 문으로 들어갔다.

그곳에는 흰 수염을 기른 신학자가 소년들을 기다리고 있었다.

그들은 서둘러서 신학자의 주위로 둘러 앉았다. 그리고 그들에게 무엇인가를 가르치기 시작했다.

마메드는 신학자에게 다가가서 무엇을 하고 있는 것인지 물었다.

"장차 그들이 나라에서 큰일을 할 수 있도록 읽고 쓰기를 가르치고 있소."

"그럼 7일간 저에게도 이 모든 것을 가르쳐 주십시오. 그리고 가르치는 데 얼마를 받으시겠습니까?"

"만약 7일간이면," 물라가 대답했다. "가르치는데 최소한 금화 백 개는 내야 하오."

"좋습니다." 마메드가 동의했다.

"여기 금화 백 개를 드리겠습니다."

마메드는 읽고 쓰는 것을 배우고 7일 후에 집으로 갔다.

고향에 도착해서 아버지에게 돈을 어디에 썼는지 이야기했다.

아버지는 마메드를 꾸짖지 않고, 그에게 마지막으로 금화 100개를 주었다.

그리고 그에게 후추를 사오라고 했다.

마메드는 금화 이백 개를 남겨둔 그 도시에 도착했다.

그리고 바로 그 가게로 향했다. 하지만 가게는 잠겨 있었다. 마메드가 주위를 살펴 보는데 갑자기 옆 가게에서 환호성이 들렸다.

"마를 잡아라, 상을 움직여라! 졸을 옮겨라! 장군을 불러라!"

그는 옆 가게를 엿보니 장기를 두는 사람들이 보였다.

그들 가운데 한 명이 유독 능숙하게 장기를 잘 두고 있었다.

마메르는 그를 보며 물었다.

"7일 동안 저에게 이 게임을 가르쳐 주는데 얼마를 받으시겠습니까?"

"만약 7일이면," 경기자가 대답했다. "금화 백 개 이하는 받지 않겠소."

마메드가 대답했다.

7일 동안 마메드가 장기 두는 것을 배웠을 때 그는 아버지에게 마지막 금화 백 개를 어디에 썼는지에 대해 편지를 썼다.

그는 아버지가 이 도시로 올 것을 청했다.

아버지가 왔을 때 마메드가 말했다.

"저를 바자르에 데리고 나가 마부가 필요한 카라반 상인들에게 저를 파세요. 제가 부유해질 때까지 그 돈으로 사실 수 있을 거예요."

아버지는 그의 아들을 노예로 파는 것이 애석해서 울기 시작했다. 하지만 마메드는 간청하기 시작했고, 아버지는 결국 동의했다. 아들의 손을 잡고 시장으로 나갔다.

마침 그 때 상인들은 큰 카라반을 꾸리고 있었고 그들에게는 약대들의 마부가 필요했다.

이오무드벡(Yomudbeg)이라고 하는 상인들 중의 한 명이 금화 한 개에 마메드를 샀다.

마메드는 카라반과 함께 먼 길을 떠났다.

카라반은 계속해서 갔다. 하지만 깊고 거의 말라버린 우물에 도달했다.

이오무드벡은 마부들에게 쿠브신 하나에 물을 채울 수 있도록 마메드를 끈으로 묶어서 우물 속에 넣으라고 명령했다.

우물 바닥까지 내려간 마메드는 은, 금, 그리고 보석 더미를 발견했다.

그는 상인들에게 자신이 발견한 것에 대해 소리쳤고 상인들은 그에게 빈 자루 몇 개를 내던졌다.

모든 보화들이 위로 끌어올려지자, 카라반은 길을 떠났다. 하지만 마메드는 우물에 남겨졌.

이오무드벡은 마메드가 자신의 몫을 달라고 할까봐 두려웠다. 그래서 그를 제거하기로 결정했다.

우물 속에 남겨진 마메드가 주위를 자세히 살펴보니 작은 문이 하나 있었다.

그는 그것을 열고 안으로 들어갔다.

거기에 데브가 자고 있었고 벽에 두타르가 걸려 있었다.

마메드는 두타르를 내려서 솜씨 있게 연주하기 시작했다.

그것은 유명한 음악가들이 그에게 금화 백 개에 전수해 준 것이었다. 데브는 즉시 잠에서 깼고, 사람을 발견하고 소리쳤다.

"이봐, 젊은이, 어떻게 여기 들어왔어?"

마메드는 데브에게 상인들이 그에게 어떻게 했는지 말했다.

"난 널 먹어 치우고 싶구나"

데브가 말했다.

"만약 네가 그렇게 능숙하게 연주하지 않았다면 말이야. 더욱이, 네가 내 아들이 좋아하는 노래를 연주했구나."

이 말 후에 데브는 울었다.

"뭐 때문에 우는 겁니까?" 마메드가 물었다.

"너를 보니까 내 아들이 생각나는구나."

데브가 대답했다.

"어느날 그와 흥겨워 하다가 실수로 그의 영혼을 보관해 두었던 유리로 된 약병을 깨뜨려서 그만 아들이 죽고 말았어. 내 아들은 이 두타르로 연주하는 것을 좋아했어. 자네의 연주에 사례를 하고 싶은데 어떻게 하면 좋을지 말해 보게. 내가 여기로 카라반을 데려와서 상인들에게 복수하길 원하니?"

마메드가 대답했다.

"아닙니다. 존경하는 데브, 카라반을 여기로 데려오지 마세요. 나를 카라반에게 데려다 주면 좋겠습니다."

데브는 마메드의 부탁을 들어 주었다.

순식간에 그를 카라반에게 데려가 주었다. 그동안 사람들은 물 마실 수 있는 곳이나 우물을 찾지 못했다.

"당신에게 평화를" 마메드가 몹시 놀란 상인에게 말했다.

"제가 우물에서 잠이 드는 바람에 카라반에 뒤쳐진 것을 용서해주시길 바랍니다."

"그들을 어떻게 해 줄까?" 데브가 물었다.

"내가 그들 모두를 갈기갈기 찢어 주길 원하니?"

"아니요, 존경하는 데브."

마메드가 대답했다.

"그런 것은 필요 없습니다. 저는 그들로부터 보화의 제 몫을 받을 것입니다. 돈을 되찾아 가지고 아버지께 돌아갈 겁니다. 그러니 당신에게 감사하고 놓아드리겠습니다."

데브는 그 순간 사라졌다.

그리고 상인들은 몹시 놀라서 데브의 권위를 가진 노예로부터 어떻게 그들이 벗어날 수 있을지 은밀히 의논하기 시작했다.

이오무드벡은 그를 죽이기 위해 자신의 아들에게 편지를 보내기로했다.

편지를 다 쓴 이오무드벡은 마메드에게 명령했다.

"내 말을 타고 먼저 가서 카라반 모두가 무사한 상태라는 것을 집에 전하도록 하라. 그리고 편지를 나의 큰 아들에게 전해라."

마메드는 편지를 가지고 달렸다. 계속해서 달려서, 마침내 한 개울에 도달했고 거기서 휴식하기로 결정했다.

그는 불을 피워서 찻물을 끓이기 시작했다.

물이 끓는 동안 기다리면서 그는 편지를 살펴보기 시작했고 그것을 읽어 보고 싶었다.

'어디 보자, 내가 확인해야겠다.'

그가 생각했다. '금화 백 개에 신학자가 나에게 가르친 읽고 쓰는 것을 내가 잊지 않았다면 말야.' 마메드는 편지를 뜯어서 그것을 읽었다.

편지는 다음과 같은 말로 시작했다. '나의 아들에게, 개별적으로 안부를 전한다.'

그리고 이렇게 끝났다. '이 편지를 전달하는 자는 내 노예다. 그는 우리를 거역하고 선하지 못한 것을 꾀했다. 그러니 그를 즉시 죽이도록 해라.' 마메드는 편지를 찢고 다르게 썼다.

'편지 전달자는 한 우물에서 많은 금과 보석을 찾았다. 그는 보화의 절반을 내게 주었다. 그러니 손님으로 대접하고

그를 위해 큰 잔치를 열어라.'

　물이 마침 끓기 시작했다. 마메드는 레뾰쉬카(빵)와 차를 마신 후 곧 길을 떠났다.

　이오무드벡이 살고 있는 도시에 도착한 그는 사람들에게 그의 집이 어디에 있는지 물었다. 그리고 상인의 큰 아들에게 편지를 전했다.

　아들은 예기치 못한 부를 알고 무척 기뻐했다. 그리고 마메드를 큰 영광으로 맞이했다.

　그들은 잔치를 열었고 손님들을 불러모았다. 잔치는 밤이 늦도록 계속되었고, 이튿날 아침 마메드는 이오무드벡의 큰 아들에게 물었다.

　"이 도시에서 재미있는 것은 무엇입니까?"

　"아마도 없을걸세."

책에 대한 경외

게임은 긴박했다

그가 대답했다.

"그럼 이 나라의 통치자는 누구입니까?"

"파디샤흐(padishah) 아가씨이네. 얼마 전, 그녀와 장기를 겨뤄 이긴 사람과 결혼하겠다고 선언했다네."

"그럼 궁에는 어떻게 갑니까?"

마메드가 물었다.

"거기 가지 말게, 친구여."

상인의 큰아들이 말했다.

"이미 많은 이들이 그녀와 장기에서 이기려고 시도했으나 목숨을 잃었네. 장기에서 진 사람은 모두 사형에 처하도록 명령했기 때문이네."

마메드는 듣지 않고, 차를 다 마시고 궁으로 향했다.

궁의 입구에서 예사울(코사크인대위)이 그를 잡아 세웠다.

"여기에 왜 왔는가?"

그가 물었다.

"당신의 파디샤흐와 결혼하기 위해 왔습니다."

마메드가 대답했다.

예사울은 파디샤흐에게 보고하러 갔고, 돌아와서 말했다.

"파디샤흐께서 네가 장기를 잘 두는지 못 두는지 물으신다."

"잘 둔다고 말하시오."

"누가 네 선생이냐?"

"장인이오. 그에게 나는 배우는 데 금화 백 개를 지불하였소."

"넌 우리 파디샤흐와 4번을 경기해야만 해. 지는 것은 한번만 허용된다."

"동의하오." 마메드가 대답했다.

"만약 이 조건들을 충족시키 못하면 무엇이 자네를 기다리고 있는지 알고 있나?"

"알고 있습니다." 마메드가 대답했다.

"자신의 목숨을 포기하는 것이 아깝지 않은가?"

"아쉽소. 왜냐하면 나는 반드시 당신네 파디샤흐와 결혼할 것이고 이후에 죽고 싶지 않소."

마메드가 대답했다. 예사울이 마메드를 파디샤흐의 방에 데려갔다.

그를 발견한 파디샤흐는 소리쳤다.

"당신의 목을 잘리는 것이 유감이군요. 지금이라도 생각을 바꾸고 포기하는 것이 좋을 수도 있습니다."

"쓸데 없는 말을 하려고 여기 온 게 아니오."

마메드가 대답했다. 파디샤흐는 장기를 가져 올 것을 명령하고 그와 대국을 시작했다.

그들이 경기를 시작할 때마다 고관과 궁인들이 더 많이 모여 들었다.

첫 번째 경기에서는 마메드가 졌다. 파디샤흐가 말했다.

첫번째는 마메드가 졌다. 파디샤흐가 이야기했다.

"당신은 시합을 포기하는 게 더 좋을 것입니다. 왜냐하면 당신은 결코 나를 이길 수 없을 것이기 때문입니다."

"쓸모 없는 말로 귀찮게 하지 마시오." 마메드가 대답했다.

"첫 번째는 당신에 대한 존경으로 져 준 것입니다. 우리나라에는 그런 풍습이 있습니다. 주인과 장기를 두면서 첫번째 경기는 주인에게 양보해야 합니다."

그들은 경기를 계속했고, 마메드가 세 번을 연이어 이겼다.

이것을 알게 된 사람들은 매우 기뻐했다. 많은 어머니들이 아들의 죽음에 애통해 했기 때문이다. 파디샤흐가 마메드에게 말했다.

"당신은 아직 나를 이긴 것이 아닙니다. 마지막으로 한 번 더 경기를 합시다. 만약 당신이 지면 나는 당신을 처형하지 않고 집으로 보내 주겠습니다. 그런데 만약 당신이 이기면 저는 당신과 결혼하겠습니다."

이번에도 마메드는 이겼다.

파디샤흐는 혼인 잔치를 열고 도시에 사는 모든 사람들에게 쁠로프를 대접할 수밖에 없었다.

다음날 아침에 그들은 부부가 되었음을 선포하고 파디샤흐는 마메드를 황금으로 된 왕좌에 앉혔다. 그렇게 마메드는 파디샤흐가 되었다.

치세를 시작하면서 그는 우선 그를 없애려고 했던 상인들을 궁으로 데려오도록 명령했다.

이오무드벡을 선두로 상인들이 궁에 끌려 왔다.

마메드는 그들에게 그가 우물 바닥에서 찾은 보화를 모두 내 놓을 것을 명령했다.

그리고 그것들을 가난한 사람들에게 나누어 주었다. 그리고 이오무드벡에게 금화 1개를 주며 말했다.

"여기 당신이 나의 아버지에게 지불한 돈이다. 오늘부터 나는 내 자유를 샀다. 지금 내가 너의 파디샤흐인 것을 명심하라.

만약 나한테 한 것과 같이 네가 누군가를 간교하게 대한다면, 무자비한 보복을 받을 것이다."

이 말과 함께 그는 이오무드 벡과 그의 상인들을 내쫓았다.

마메드는 자신의 아버지에게 편지를 써서 사자에게 아버지를 그가 살고 있는 궁으로 데려오라고 명령했다.

늙은 아버지는 아들에게 왔고 그와 함께 행복하게 살았다.

사람들이 말하길, 그들은 지금까지 살아있고 삶을 즐긴다고 한다.

에필로그

"카라반은 떠나지만 길은 남아 있다"라는 격언이 있다. 약대(낙타)를 타고 다니는 카라반이 투르크메니스탄의 잘 다져진 길을 따라 다니지 않은지 꽤 됐다.

하지만 지구 밖에 있는 위성을 통해서 찍은 사진을 주의 깊게 살펴보면 인상적인 광경을 목격할 수 있을 것이다.

카라쿰 사막의 황량한 풍경이 펼쳐지는 마른 강바닥을 따라가다 보면 산구릉지 가운데 모래와 타키르들(염기가 다량 함유되어 있는 습윤지가 건조되었을 때 표토에 균열이 생긴 것) 사이로 가느다란 실처럼 길들이 뻗어 있다.

이것이 바로 고대 카라반이 지나간 흔적들이다.

피가 혈관을 따라 순환하는 것처럼 지난 이천년 동안 이 길은 약대와 말을 탄 사람들의 생명 줄이었다.

이 끊임없고 꾸준한 이동은 그 길 위에 세워진 도시와 마을에 번영을 주었다. 고대 선조들의 영웅적 업적은 도시 국가들의 경제를 진전시켰고, 전 사회계층의 문화를 발전시키고 증대시켰다.

이들의 업적이 언뜻 보기에는 상업성을 갖고 있는 국제 교역인 것 같지만 궁극적으로는 먼 거리에 위치한 부족이나 민족 간의 왕래를 통해 거리감을 좁혔을 뿐만 아니라 상호이해를 도왔다.

그리고 편견을 없앴다.

오늘날 투르크메니스탄에서는 이 분야에 대한 역사 연구와 고고학 발굴을 지속하고 있으며 민족의 역사와 문화적으로 가치가 있는 유적 보전에 대한 방안을 마련하고 있다.

국가는 우리의 미래를 기대한다.

국가적 차원에서 정보통신개발을 비롯하여 고속 광섬유 네트워크 개발, 그리고 항공(하늘), 해양(바다) 운송까지 커뮤니케이션을 다양한 형태로 발전시키는데 노력을 집중해야 한다.

새로운 개념으로 접근해야 하는데 운송기반시설을 위한 정책적 전략으로는 유라시아 경제 관계를 확보하는 것이다.

21세기형 글로벌 운송 전략이란 통합적 돌파와 지리적 연계 그리고 기반시설 활용 가능성, 아울러 국가와 지역이 갖고 있는 기술적이고 공학적 잠재력의 결합이다.

이와 같은 접근은 유라시아 지역의 운송 흐름을 최적화 시킬 수 있는 가능성을 열어 줄 뿐만 아니라 지역간 그리고 대륙간 관계에 새로운 전망을 열 것이다.

* * *

실크로드가 사라진 5세기가 지난 지금, 현대사에서 실크로드가 의미하는 것은 무엇일까?

실크로드는 상호 존중, 그리고 인종, 종교, 언어, 전통 등에 대한 평등사상을 내포하고 있다.

또한 다른 국가의 뿌리와 문화가 두껍게 얽혀 있지만 그 안에서 자민족의 뿌리를 유지하고 있는 후세들의 자부심이 구현되어 있다.

이들은 위대한 과거 문명을 일으킨 영웅들의 후손들이다.

실크로드의 쇠퇴는 고가의 천을 쓸모없는 누더기 옷 한 벌로 바꾼 것과 마찬가지이다.

그러므로 이 흔적의 궤도에 연관되어 있는 모든 나라들이 힘을 모아야 21세기에 들어선 지금, 문화적 유산을 잘 보전할 수 있을 것이다.

역사는 그 일이 선명하고 복잡할수록 연대순으로 혹은 사건 순으로 기술하여 대중의 의식을 단순화시키기는 많은 예들을 알고 있다.

실크로드에 대한 역사적 기록도 그러하다. 두 개의 단어의 합성어인 '실크로드'라는 단어는 이미 아시아와 유럽에서 대중화되었다.

고유명사로 굳어지면서 일종의 브랜드화가 되었다.

무엇보다 대부분의 사람들은 이 아름다운 단어의 결합이 의미하는 바를 매우 모호하게 소개하고 있다.

이 책에서는 고대사에서 실크로드가 얼마나 깊은 흔적을 남겼는지, 나아

먼 길, 가득한 위험

가 한 국가, 중립국으로서 투르크메니스탄을 예로 보여주고자 했다.

투르크메니스탄은 무한한 문화유산을 물려받았고 미래 세대를 위해 그것을 깊이 연구하고 보전하기 위해 많은 노력을 하고 있는 국가이다.

목 차

들어가는 글	3
서론	23
1부. 자이훈(Jeyhun River)을 따라서	71
2부. 고대 메르브(Merv)	117
3부. 사라흐스(Serahg)와 아나우(Anau)사이	147
4부. 니사(Nisa)에서 데히스탄(Dehistan)까지	181
5부. 고대 다쇼구즈(Dashoguz)의 땅에서	227
6부. 옛이야기 세계에서	273
에필로그	295

구르반굴리
베르디무하메도프

『투르크메니스탄
- 위대한 실크로드의 심장』

주필 V.M.흐라모프

편찬자	M.마메도프, B.무라도프
	N.스미르노바, E.겔디무라도바
미술 편집	O.체르케조바
기술 편집원	O.누랴그디예바
화가	A.아만겔디예프, A.쿨리예프, M.메레도프
	N.이야베레노프, K.벨아흐메도프, A.메레도바
	A.무라도프, R.우마로프,
	O.마메도바 C.야즈무라도프, A.이샨쿨리예프
	R.라흐마노프, D.아키니야조바
사진	H.마가도프, R.무라도프, M.오라조프
DTP & 디자인	D.타가노바, P.푸르무라도프
	M.차리예프, B.마메드쿠르바노프

이 책에 인용된 자료의 출처는 투르크메니스탄 화가연맹재단, 사파르무랏 투르크멘바시 투르크메니스탄 조형미술 박물관, 투르크메니스탄 국립 예술 학교에 전시된 것들이다.

한국어 번역본은 한중앙아시아 친선협회에서 번역하였기에 한국어 저작권과 출판권은 본 협회에 있음을 밝힙니다.

『투르크메니스탄 - 위대한 실크로드의 심장』

2018년 9월 15일 인쇄
2018년 9월 20일 발행

번 역 자 : 송기혜
감 수 자 : 현원숙
편집(디자인) : 아름다운기획
인 쇄 처 : 주)베델컴
등 록 번 호 : 제 2-547호
펴 낸 곳 : 한·중앙아친선협회

(우) 04558 서울시중구퇴계로 217, 671(진양오피스텔671)
전화(02) 2271-0117/ FAX(02)2269-8917
http://www.kcafa.org/ kcafa@kcafa.org

이 도서의 국립중앙도서관 출판예정도서목록(CIP)은 서지정보유통지원시스템 홈페이지(http://seoji.nl.go.kr)와 국가자료종합목록시스템(http://www.nl.go.kr/kolisnet)에서 이용하실 수 있습니다. (CIP제어번호 : CIP2018027429)

What Is Trauma?

Trauma comes from the Greek word meaning "wound." Wounds come in many shapes and sizes. There are open wounds, which include incisions (such as those from knives), lacerations (tears), abrasions (grazes), punctures, penetration wounds, and gunshot wounds. Then you have closed wounds such as contusions (bruises), hematomas (blood tumors), crush injuries, or the slowly forming chronic wounds that can develop from conditions like diabetic ulcers. (Jamie Marich, *Trauma and the 12 Steps: An Inclusive Guide to Enhancing Recovery*, Berkeley, CA: North Atlantic Books, 2020, 23–25)

Each wound has its own distinct character, and various causes can lead to the respective wounding. More importantly, different wounds can affect different people in different ways.

No two wounds are the same, but each leaves a distinct mark on the body.

The PTSD Diagnosis in Summary (according to the DSM-5):

- Exposure to actual or threatened a) death, b) serious injury, or c) sexual violation, either by direct experience or witnessing (Criterion A)
- Intrusion symptoms (Criterion B)
- Avoidance of stimuli associated with the trauma (Criterion C)
- Cognition and mood affected by negative alterations (Criterion D)
- Arousal and reactivity symptoms (Criterion E)
- Duration of symptoms longer than one month
- Functional impairment due to disturbances

Some wounds meet the qualifications for Criterion A and thus could make one eligible for a PTSD diagnosis. Other experiences can clearly be described as wounding but may not meet full PTSD criteria. There are many other diagnoses that are the result of unhealed emotional wounding. These diagnoses include adjustment disorders, mood disorders, anxiety disorders, or the dissociative disorders explored more fully in this flipchart.

All wounds are valid and deserve to be recognized as such. Sometimes the necessary care to heal these wounds will be professional; other times the healing involves taking good care of yourself in life and using whatever supports or resources are available. Often a combination of professional treatment and taking good care of yourself is necessary following any kind of wounding or injury.

What do we know about physical wounds and how they heal? How can exploring this metaphor teach us more about emotional wounds?

Recognizing Trauma

What words might you use to describe *trauma*?

If you can't identify words, could you use images, icons, or even emojis to describe your experience?

What might these feelings or images mean to you? Where might you experience them in your body?

- Numbness or feeling cut off from the body is a common experience for trauma survivors. If you are feeling up to exploring the body in any way today, where or how do you experience numbness in the body? Distrust in the body?

- You may describe numbness, feeling cut off, discomfort, distress, or any other relevant experiences using colors, shapes, images, icons, symbols, and words in the body representation below. If the generic image of the body provided here doesn't feel like it works for you, feel free to cross it out and make your own. You can use as much of the blank space below as you need to be creative.

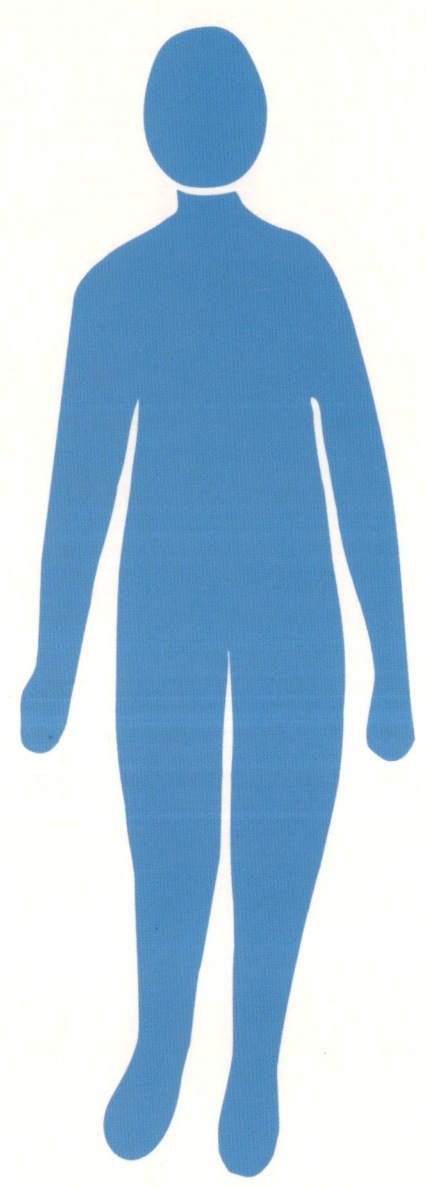

The "Safe Enough" Harbor

Many people struggling with complex trauma and dissociation will literally roll our eyes if one more professional talks about a "Safe Place." Speaking for our system, the word *safety* is so loaded, and even in a state of recovery or wellness, safety is something we are always determining on a situation-by-situation and person-by-person basis. Also, because of the way the world operates, expecting someone to feel totally safe anywhere, even in their imagination, is unrealistic. So, for us and for many we've worked with, thinking of skills, people, and resources as "safe enough" or "sufficiently safe" takes away the black-and-white of "I'm/we're either safe or I'm/we're not." Additionally, therapists may erroneously believe that a client must feel totally safe or at least have a "Safe Place"–style resource to engage in deeper work. Again, such a construct may never be realistic. Speaking purely for ourselves, if we feel sufficiently safe with someone (e.g., a therapist, a person, a space), we can engage with them.

You may experience safety with a person, with an experience, at a place, or in a moment. Thinking in absolutes is not required to start developing your harbor or anchor of safety. The experiences of safety or being safe enough can vary from person to person or system to system, as it does for many of the contributors to the original *Dissociation Made Simple* book:

Jaime Pollack explains in chapter 3 of *Dissociation Made Simple*, "I've never felt safe ever in my life. Some of that is being a survivor. Some of that is being a woman. I cannot shake that sense of being prey." She indicates that as it relates to physical safety, being at home with her husband there and the alarm on does help. As it relates to emotional safety, predictability, consistency, and honesty from other people are her surest way of experiencing pockets of safety in this world. Jaime says that even though she and her husband have been together for over twelve years, it took her awhile to truly believe that this trait of his was real.

Destiny Aspen Mowadeng, who is in a wheelchair, recognizes that total safety isn't possible yet she works to find experiences of it in the world. She does note that for certain tasks, like doing her interview for *Dissociation Made Simple,* the idea of *safe enough* just doesn't cut it. She had to feel completely safe with the interviewer. Many of our contributors noted this sense of complete safety with their guide through healing (e.g., therapist, recovery sponsor, healing arts practitioner, spiritual teacher) as imperative, even if they didn't experience total safety in other places in the world. Other contributors noticed that even if they have moments of feeling unsafe with a therapist, which sometimes happens on bad days or if they are transitioning into a sense of some deeper work, a skillful therapist knows how to notice this and address it with care.

Creating Your "Safe Enough" Harbor

Write down up to a hundred things that make you feel good that do *not* involve drugs, alcohol, or acting out in a way that harms you or others. Some examples include the freshness when you pop a mint into your mouth, or the potentially pleasant sensation when taking that first morning stretch. What are some ideas of safety for you?

Right now you may only be able to identify two or three experiences and that is more than okay. The foundation for your safe enough harbor can certainly start somewhere basic or even small.

Dissociation Demystified

Dissociation comes from the Latin root *dissociātiō*, meaning "to sever" or "to separate." As people we can sever from the present moment when that reality becomes overwhelming or unpleasant, or we can experience a profound separation within our core self when we are unable to process or fully integrate an experience.

We all *sever* from the present moment in one way or another. Sometimes it's not problematic, and other times it is. Moreover, we all have *parts* of self. You do not have to carry a diagnosis of Dissociative Identity Disorder (DID) in order to relate to having an *inner child* or a part that is easily angered. If you struggle with addiction or other behavioral compulsions, you may feel like there is a part of you that wants to be sober, and another part that wants to keep acting out. You may use the word *compartmentalize* quite often in describing your life and how you are able to negotiate the value differences between your work life and your family life. Notice that the word *part* is the central root of this word frequently used in our modern times. Parts work is truly for all of us. You can learn more about the basics of dissociation in chapter 1 of *Dissociation Made Simple*.

For Julian Jaramillo, an Ecuadorian psychotherapist trained in the Shamanic traditions of the Chocó people, dissociation is simply "a lack of relationship." When there is a breakdown in communication or a fissure between the different aspects of us working together and learning from each other, dissociation may be present. And once we notice that dissociation is present, we can challenge ourselves to reconnect with our inherent wholeness.

Chuck, who simply defines dissociation as a spectrum, is a nonbinary individual who describes the intersection of their trans identity and their chronic pain as *dysphoria*, or a state of extreme dissatisfaction, anxiousness, and restlessness.... They go on to explain that the most gendered pieces of their body do not match up with how they see themselves in their head. This fundamental disconnect can be dissociative in and of itself, and can also be a factor in why individuals struggling to manage this disconnection may seek out, consciously or subconsciously, other ways to escape a very painful reality defined by separation.

For many of our contributors, managing the confusion, the disorientation, and the disconnect becomes imperative. Some systems have learned to manage these experiences in both adaptive and maladaptive ways, sometimes dancing between the two.

What Is Dissociation?

How do you describe your own experience with dissociation? What other words come to mind for you to describe what you're experiencing? Once more, if words escape you or feel insufficient to describe your experience, you may use colors, images, symbols, emojis, or other expressions. Song lyrics, poetry, or lines from your favorite books or movies may also feel appropriate.

Dissociation as an Adaptive Response

> Dissociation is what creates safety and ultimately pain relief in the moment of need. Trauma deeply impacts a person's psyche, extreme limits are pushed, and extreme reactions become necessary. (*Dissociation Made Simple*, 53)

As mentioned earlier, dissociation comes from the Latin root word *dissociātiō*, meaning "to sever/separate" or "to divide."

We generally dissociate for one of two primary reasons:

- To protect ourselves
- To get our needs met

We may dissociate when we are:

- Actively being traumatized, victimized, or wounded
- Triggered or activated
- In an active flashback
- Overwhelmed
- In pain or distress
- Bored or not feeling connection to a life experience

Common ways that most people dissociate:

- Daydreaming
- "Zoning out"
- Imagining you're somewhere else
- Engaging in behaviors that help you escape (e.g., scrolling on the phone or consuming other media, drinking alcohol or doing drugs)
- Overthinking or rationalizing to avoid being with feelings or bodily sensations

Using verbiage from the late Dr. Francine Shapiro, the creator of EMDR Therapy, these experiences can be *adaptive* (i.e., serving or helping us) or *maladaptive* (i.e., keeping us further stuck). She used these terms in describing responses to traumatic experiences (as opposed to terms like *healthy* or *unhealthy*) because she saw them as less of a value judgment and more honoring of an individual's subjective experience. In other words, what may be adaptive for you may not be adaptive for me; or what was adaptive at one time in my life might be different from what is adaptive now. And sometimes the same behavior can still be both adaptive and maladaptive, depending on the context.

In Dr. Jamie's own experience: If I engage dissociative behaviors too long, too hard, or too much, I run the risk of getting lost and not being able to attend to what helping professionals might call my activities of daily living (e.g., eating properly, sleeping, taking good care of myself, getting to work, and attending to loved ones appropriately and with good boundaries).

Adaptive versus Maladaptive

A behavior that is adaptive helps you to survive or to thrive. Behaviors that are maladaptive may have started as adaptive yet ultimately get in the way of your optimal mental health. Some alternative words you can use are *healthy/unhealthy*, *serving/not serving*, or *nourishing/depleting*. You can use good/bad if absolutely necessary to your understanding, although terms like these can come with a high degree of shaming or value judgment. If *adaptive* and *maladaptive* feel like too much of a value judgment, you can also use *helpful* and *less helpful* as a guide.

What are some dissociative experiences that you'd consider adaptive? What are some that you'd consider maladaptive? What experiences can exist in both categories?

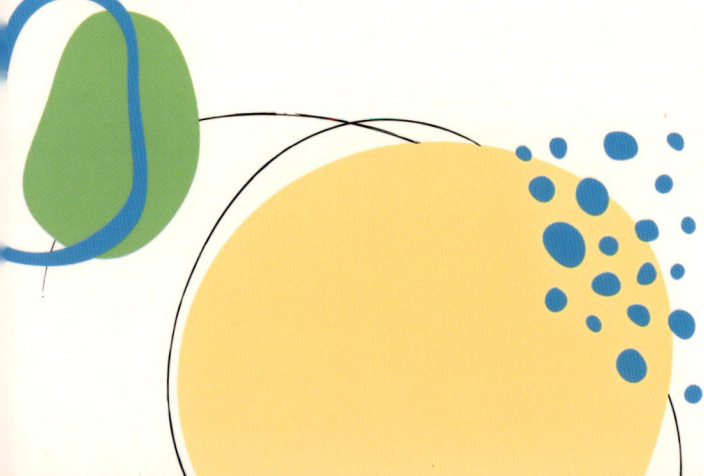

Dissociation and the Human Brain

Dissociation Made Simple contributor and psychiatrist Dr. Paul Miller cautions us in chapter 2 not to reduce understanding dissociation and the brain down to one area or one phenomenon being investigated. He noted that first the focus of the research seemed to be on the **amygdala,** and then it focused more on memory and the role of the **hippocampus.** Citing the **triune brain model,** Dr. Miller also notes that dissociative responses, which can originate in the **brainstem** as more primal responses, inhibit right–left hemispheric communication. He notes, "This creates a problem with the embodied sense of being in the world. And then you end up with this very left-hemisphere–dominant presentation, where things are reduced down to an assemblage of parts. Literally a definition of dissociation."

He points to the work of Drs. Ulrich and Ruth Lanius and their research (along with various colleagues) around the endogenous opioid system. In various forms of functional brain scans, the areas that show up as most active in terms of dissociation are rich in endogenous opioid receptors (found in the **limbic** system). You can think of our endogenous opioid system as our body's natural defenses that it can muster against pain, yet people often find that taking euphoria-producing medications or drugs can amplify the potency of this system. The endogenous opioid system can produce internal trauma reenactments as external stressors trigger the internal neurochemical processes that produce unconscious behaviors like dissociation and addictive processes (i.e., kill the pain now). Further demonstrating how intricately linked these processes are, the medication naltrexone (at low dosages) has shown to be helpful in treating both dissociative disorders (whether or not the patient has an addiction issue) and alcohol and opioid dependence because naltrexone blocks opiate receptors.

Bringing in the knowledge of the now popular **polyvagal theory** based on the work of Dr. Stephen Porges, we can generally describe being present and connected as being in a **ventral vagal** state (or in the most recently developed part of our nervous system). When we are dissociated, we are typically in a **dorsal vagal** (most primitive, very likely to be in shutdown or collapse) state. Some of the *Dissociation Made Simple* contributors acknowledge the general idea of this logic yet also criticize it as being too scientifically linear. Many people with dissociative systems that show up in diagnoses with Dissociative Identity Disorder (DID) note that at certain times, some parts can feel like they are present and grounded (ventral vagal) whereas other parts may feel collapsed or shut down (dorsal vagal).

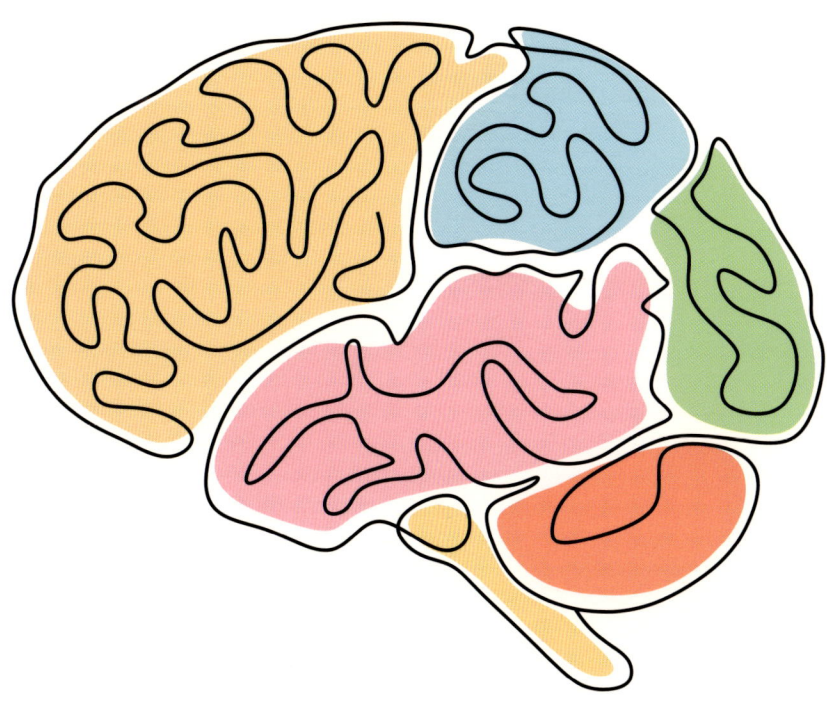

Dissociation and the Human Brain: Visuals

This graphic from my friend and former student Manal Aldabbagh, a somatic practitioner from Saudi Arabia, brings together the ideas of the Window of Tolerance, polyvagal theory, and the triune brain model. She also highlights where terms like *flight, fight, freeze, fawn, collapse,* and other responses might come into play with triggers or points of activation, and what we can do to bring ourselves back into the window. Consider using the full graphic as a teaching guide, and then use the blank version to facilitate your client in making it more personal, especially in determining what activities work the best for bringing them back into the window. Encourage your clients to consult their *Safe Enough Harbor* Exercise if they need ideas, or the Grounding, Anchoring, and Settling lesson on page 17.

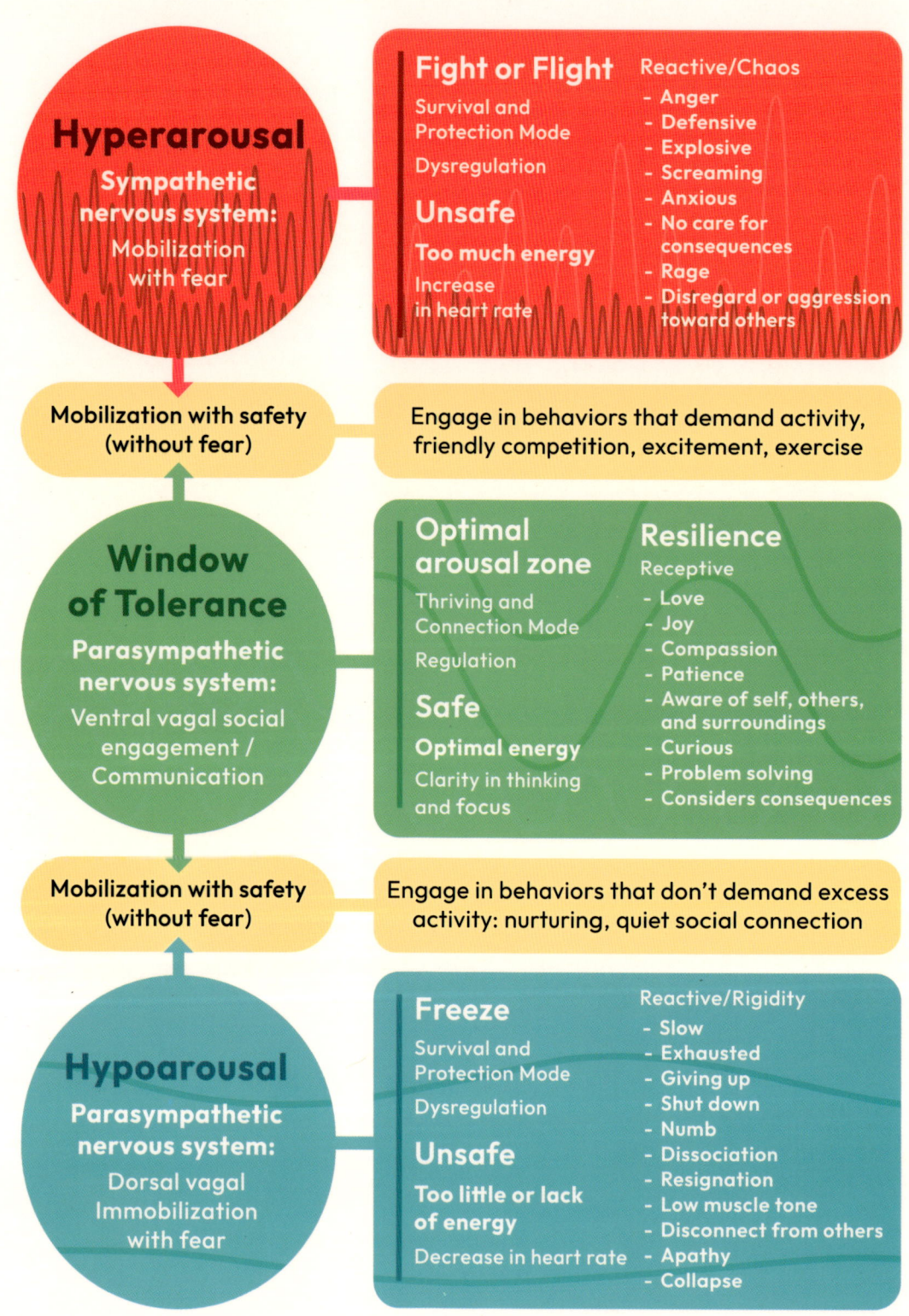

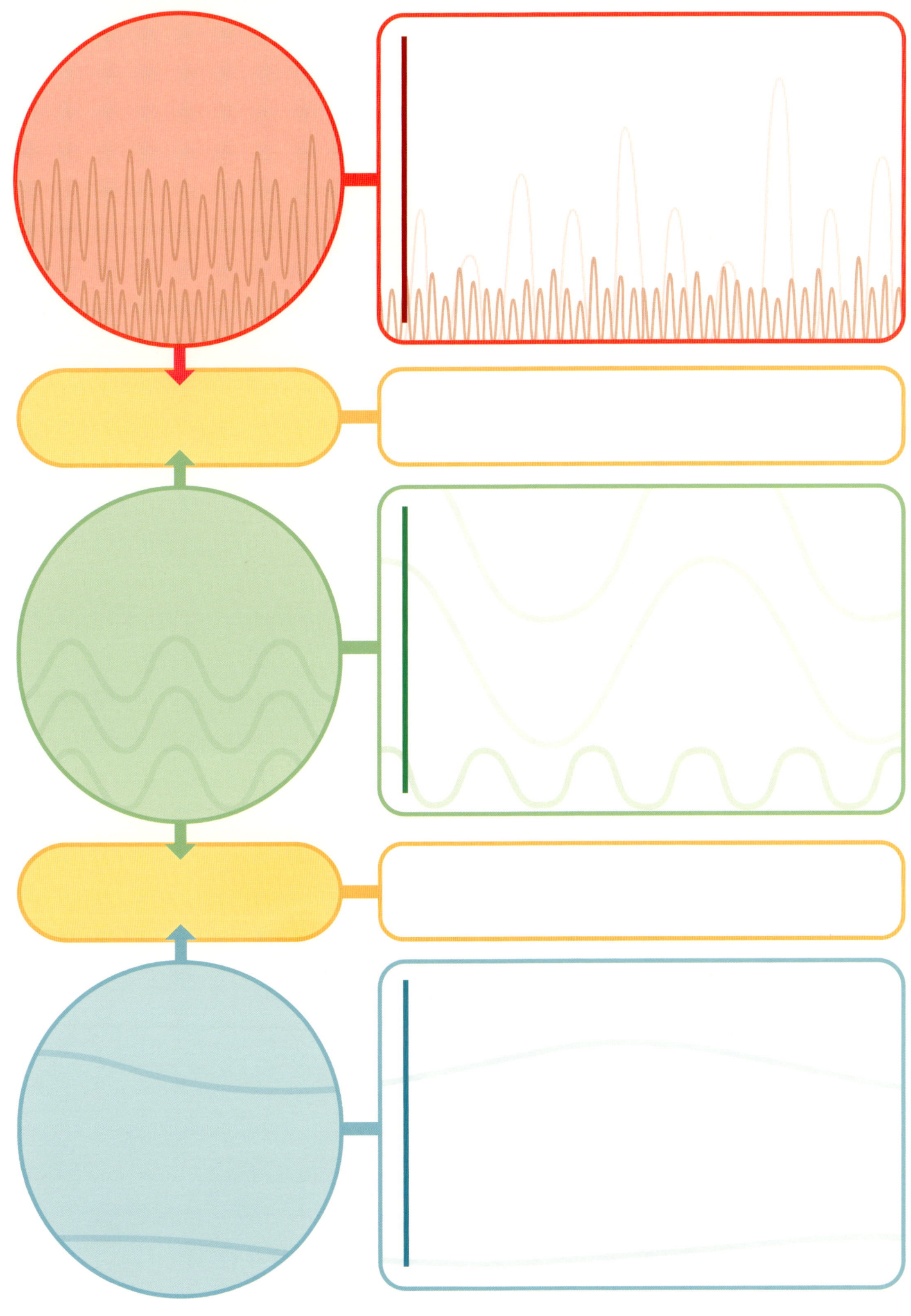

Dissociation Explained: Beyond Western Psychology and Science

According to Julian Jaramillo, "In traditional Shamanism the 'brain' doesn't quite exist, so there is no language to really name these things; they would speak about human experience as we name it, as we feel it."

More perspectives on scientific approaches are shared in chapter 2 of *Dissociation Made Simple*. Dr. Miller, our psychiatric contributor, offered an even broader perspective that still gives us some semblance of organization, yet acknowledges that Western neuroscience does not hold all of the answers: "There are unwell or sick people who hear voices. There are well people who don't hear voices. And there is a third—well people who hear voices. In Indigenous cultures, these are your healers and Shamans."

Dr. Curt Rouanzoin, a psychologist with over forty years of experience and an expert in EMDR Therapy and dissociation, offers: "There is a spirit of light and life and something took it away. You don't have to be religious to be open to the fact that trauma is a spiritual issue."

Jasa Johnson, a Shamanic practitioner and guide, offers these insights: "People can be hesitant to look at the spiritual aspects of what ails them because spiritual practice (not to be confused with religion) is not valued by dominant cultures. There can be an attachment to believing only in what you can see around you, or on a brain scan, as real. People are frightened that they are not worthy of goodness or blessings. If they want to stay stuck in the science, I'm happy to leave them there."

Wayne William Snellgrove, a member of the Fishing Lake First Nation in Canada and survivor of the residential school genocide in his native country, is skeptical that the white colonial systems that promote separation, people staying asleep, power, and not living in harmony and balance can reliably help heal the damage they caused. He sees the Western model of healing as one of "fix me." Yet the Native or Indigenous path is one that requires you to get your hands dirty (literally by touching the earth), and teach one another how to reconnect in a beautiful way.

Dissociation: Beyond the Scientific Brain

How might knowing what is going on in your brain according to the laws of science help you come to terms with the impact of dissociation on your own life? Where might the laws of science and Western psychology fall short? Do you feel like you need a study or a brain scan to prove that what you know to be true in your body, heart, and soul is really true?

Look over the words of our contributors on the previous page. What words or concepts resonate with you, and can you use this space below to personalize them—with either your own words or images?

How Dissociation Shows Up in Different Diagnoses

As a clinician you likely have a copy of a *Diagnostic and Statistical Manual of Mental Disorders* (DSM) or the International Classification of Diseases (ICD-11) where you can look up the full diagnostic criteria for each of these conditions. The criteria are also fully available online from certain sources. As a clinician it is at your discretion how much or how little detail you go into with your clients about each diagnosis. Our tendency has always been to use these diagnostic guidelines as a conversation starter with our clients to allow the process of diagnosis, if needed, to become more collaborative. What follows are *summary* presentations of the many diagnoses where dissociation may be a factor. We lean into the words of some contributors to help these descriptions come alive, certainly more dynamic than you might see in a diagnostic manual. Consider using the dry erase marker to let your clients circle or underline what they feel applies to them, and cross out what doesn't.

Many of these definitions are adapted from the advocacy site An Infinite Mind, and we encourage you to go there for even more information and resources (www.aninfinitemind.com).

- **Dissociative Identity Disorder (DID):** To escape pain and trauma in childhood, the mind splits off feelings, personality traits, characteristics, and memories into separate compartments that then develop into unique personality states. Each identity can have its own name and personal history. These personality states recurrently take control of the individual's behavior, accompanied by an inability to recall important personal information too extensive to be explained by ordinary forgetfulness. Some personalities (sometimes called alters or parts) appear to know and interact with one another in an elaborate inner world. In other cases, a person with DID may be completely aware of all the parts of their internal system. Because the personalities often interact with each other, people with DID report hearing inner dialogue, and the voices will comment on their behavior or talk directly to them. It is important to note the voices are heard on the inside versus the outside, as this is one of the main distinguishers from schizophrenia.

> DID is like having a big family in your head you have to get along with. And we are getting along better than we used to.
>
> —THE GARDEN SYSTEM

- **Otherwise Specified Dissociative Disorder (OSDD):** OSDD is sometimes referred to as a "catch-all" diagnosis (similar to the former Dissociative Disorder, Not Otherwise Specified in the previous edition of the DSM) for clusters of symptoms that do not neatly fit any of the other diagnoses. The DSM-5 identifies four subtypes of OSDD: (1) sometimes referred to as partial dissociative identity disorder, has a lot of the same features of DID although switching between parts rarely or overtly occurs or separation between parts is not as distinct; (2) distressing changes and questioning of identity due to long-term brainwashing or coercion; (3) short-term constriction of consciousness that can come in the form of depersonalization, derealization, perceptual disturbances, time slowing, objects appearing closer and larger than they really are, micro-amnesia, alterations in sensorimotor functioning; (4) dissociative trance or loss of awareness and extreme narrowing of focus.

> If I had to simplify it, in OSDD alters can be and often are present, but the primary experience of dissociation is not switching. OSDD is "light"; DID is everything turned up to eleven. However, OSDD can be covert longer.
>
> —A.J.

- **Dissociative amnesia:** The most common of all dissociative disorders and usually seen in conjunction with other mental illness, dissociative amnesia occurs when a person blocks out information, usually associated with a stressful or traumatic event, leaving them unable to remember important personal information. The degree of memory loss goes beyond normal forgetfulness and includes gaps in memory for long periods of time or loss of memories involved in the traumatic event.

> Walls that pop up around dimensions of our experience.
>
> —CHRISTY

- **Depersonalization/Derealization disorder:** Has sometimes been described as being numb or in a dream, or feeling as if you are watching yourself from outside your body. This often occurs after a person experiences life-threatening danger, such as an accident, assault, or serious illness or injury. Symptoms may be temporary or persist or recur for many years. People with the disorder often have a great deal of difficulty describing their symptoms and may fear or believe that they are going crazy or that things in their world, including other people, are not real.

> "I'm not sure if you're real," I once said to my therapist. I am so good at presenting fine in whatever situation I'm in. I'm good at being simultaneously fine and not fine. It takes me a long time to feel safe and show someone that I'm not okay.
>
> —ANDREA

- **Unspecified Dissociative Disorder (UDD):** Symptoms do not meet the full criteria for any other dissociative disorder, and the clinician chooses not to specify the reason that the criteria are not met, likely for the safety of their client.

- **Post-Traumatic Stress Disorder (PTSD) and Complex Post-Traumatic Stress Disorder (CPTSD):** The criteria for PTSD as per the DSM-5 listed several symptoms that can be considered dissociative—namely, flashbacks and difficulty paying attention or concentrating. There is even a subtype of the PTSD diagnosis called *with predominant dissociative features*. Although CPTSD does not officially appear in the DSM, it is a widely recognized construct in the field of trauma studies that recognizes that repetitive or prolonged trauma and trauma happening during developmentally vulnerable times in life—especially those perpetrated by those entrusted to care for the individual—can be more difficult to navigate.

Dissociation in Different Diagnoses

Crystal, one of the contributors to *Dissociation Made Simple,* offered, "I'm not a diagnosis anymore, I am just me. In science there is no in between. Science is black-and-white and the world is full of color."

There are many other contributors who also spoke to other diagnoses where dissociative behaviors can show up, or where the intersection of trauma-based dissociation and another diagnosis may cause some difficulty in daily living. These other diagnoses include addictive disorders, eating disorders, mood disorders, anxiety disorders, attention-deficit/hyperactivity disorder (ADHD), and autism spectrum disorders.

Use this space to brainstorm what diagnosis means to **you and if it's** important. Does it ever feel like there is more than one thing going on with you and you can't sort it all out? **Like** with many of our activities, using shapes, symbols, or colors may feel more appropriate than trying **to figure out ever**ything with words. You may even consider drawing a map or another visual representation of what **it feels like in** your brain when some of the symptoms mentioned on the previous two pages may impact you.

Grounding, Anchoring, and Settling

> Grounding is using any and all available senses and experiences to remain in the present moment, or to return to the present moment. (*Dissociation Made Simple*, 77)

- While *grounding* is a popular word in trauma therapy and embodiment work, many *Dissociation Made Simple* contributors do not like the word and instead prefer terms like *anchoring* or *settling*.
- Wandering away from present-moment awareness is normal for any human being. And when dissociation is in play as a preferred or even automatic coping skill for you, wandering is expected.
- Dissociation can be viewed as the opposite of mindfulness.

If dissociation has been your baseline way of coping, it can be difficult for you to practice mindfulness, specifically grounding or anchoring. It can be even more difficult to cultivate a set of resources that help you feel some sense of internal safety. You also may have experienced a phenomenon that many of our contributors describe, which is the ability to be both present/mindful *and* dissociated at the same time (i.e., one foot in the present, and one foot somewhere else). And people who work with you therapeutically may have difficulty understanding this experience.

Many different outlets exist for grounding or anchoring, including these general categories suggested by our contributors:

- Connection with the senses
- Using activities of daily life in a mindful way (e.g., cooking, taking a shower)
- Expressive arts
- Yoga and other somatic skills
- Being in nature and with animals
- Spiritual and energetic practices
- Responsible engagement with Indigenous practices and other practices from a culture not originally your own
- Self-study and gathering knowledge
- Connecting with others for support
- Guided visualizations

Finding Your Ground and Your Anchors

Of the categories mentioned on the previous page, which ones most resonate for you, or where might you already have a strong set of skills? What are some specific examples of skills or activities that you use in these areas?

Which categories might you be open to exploring further? What might you need to feel more comfortable trying something new?

You can also consult your *Safe Enough Harbor* Exercise in answering these questions.

Practicing Grounding and Mindfulness Strategies: Gentle Guidance

For people with a long history of trauma and dissociation, it can not only be difficult to ground ... it can feel like the mindfulness strategies that you learn cause dissociation! Many of our contributors in *Dissociation Made Simple* describe such experiences.

Here are some best practices to keep in mind on how to make mindfulness or other grounding and anchoring experiences more adaptable and accessible:

- Eyes can stay open—keeping the eyes closed, especially for too long, can promote overwhelm, activation, and eventually dissociation.

- The time in the exercise is variable—starting with even a few seconds of a practice can be a big deal for the brain that is used to dissociation.

- Check your assumptions of what mindfulness or meditation means—there is no "right way"—and release any expectations for the practice to look or feel a certain way.

- Be open to variations in practice—for some people sitting still and getting quiet is nourishing. For others, being present with nature or connected via the expressive arts is what really does it!

Dissociation Made Simple contributor Chuck Bernsohn, who lives with chronic pain and a disability, wants to communicate that getting comfortable might not be realistic in any mindfulness, meditation, or grounding strategy for people with chronic pain, so they use the language for themselves of "get as comfortable as you can" and they encourage therapists or others teaching mindfulness to consider a similar strategy.

Practicing Grounding and Mindfulness: Empowering Yourself or Selves

How might you expand on the best practices offered on the previous page, or better personalize them for yourself or selves? What conditions would you need to be present to give grounding and mindfulness practices a try or to expand the ones you already use? Might you need to modify language in any way, as in the example Chuck offers us with "get as comfortable as you can"?

    This is your space to brainstorm—you are free to use words, images, or any combination to really make this your own.

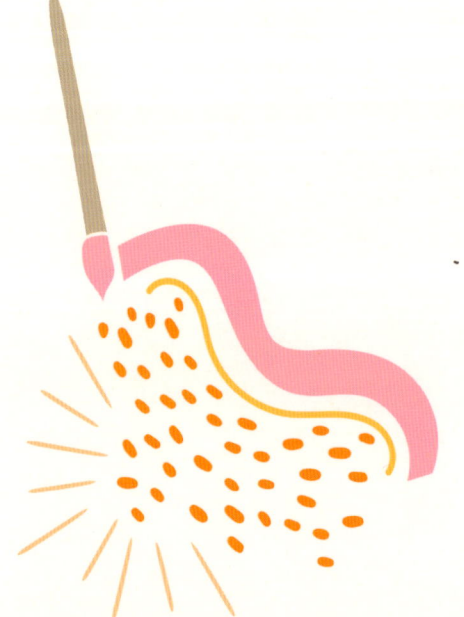

The Window of Tolerance

As the name of the Window of Tolerance model suggests, when a person is in their window, they are able to stay present with sensation and affect or emotion in a way that is not harmful to them. Widely accepted among trauma educators, the Window of Tolerance model—developed by Dr. Daniel Siegel—can be a useful tool in helping a person determine if they are in a safe enough zone to handle working with deeper, more emotionally charged material. You can revisit the graphic from Manal on page 10 for an example of this tool.

Some people have larger windows of tolerance than others, and through therapy and other healing practices, people can learn to expand their window of tolerance. When a window of tolerance is wide, an individual or their system is able to handle the navigation of stressors, triggers, and emotional distress that may emerge in therapy without going into a potentially dangerous hyperarousal (too much) or hypoarousal (too little/withdrawn) state.

When one is in their window of tolerance, they tend to interact more effectively in relationships, have a greater capacity to be psychologically flexible, and more gracefully meet daily challenges. The more a person or system's brain is trying to manage, the more likely we are to be thrown off balance, or knocked out of our ideal middle window. An excess of sympathetic activation can cause a person to go past or over their affective window of tolerance. This state is called hyperarousal, commonly associated with the flight/fight response. Common signs of hyperarousal include being anxious, easily overwhelmed, easily angered, and prone to outbursts or aggression.

Another possibility is that the balance can be tipped the other way toward hypoarousal, or an excess of parasympathetic activation. While some freeze responses might have a quality of hyperarousal, a response called freeze to submission and the immobility that comes with it can be framed as a hypoarousal. Other responses of hypoarousal can include fawning, collapsing, or otherwise shutting down. Examples may include depressive tendencies or flat affect, memory loss, feeling disconnected, operating on autopilot, and feeling separated from the self or otherwise not present. You can learn more about the window in chapter 5 of *Dissociation Made Simple*.

The Wheel of Tolerance

This Window of Tolerance model works for many people with dissociation, but for many others, it can feel too linear. For example, you may be able to experience states of hyperarousal and hypoarousal at the same time—or it can seem that way if two or more parts or aspects of your experience are activated simultaneously.

You may instead choose to use the Wheel of Tolerance model, created by Katarina Lundgren, one of the *Dissociation Made Simple* contributors with Dissociative Identity Disorder (DID). The wheel shows a more multidimensional way of looking at activation and collapse. The closer one might be to the center at any given time, the more likely they are to be in their fullest experience of Self. This state comes close to what is traditionally seen as being in the affective window of tolerance. The further one is from the center, the more likely they are to be experiencing a flight, fight, freeze, or fawn reaction.

You can also read or direct clients to Katarina's original blog on the concept here: www.livethechange.se/index.php/blog/the-wheel-of-tolerance.

Fight
Hit, scream, brace, abuse, lash out, be sarcastic, dark humor, bully, dominate …

Flight
Run, hide, spin, fidget/stim, daydream, imagine, books/films, dissociate …

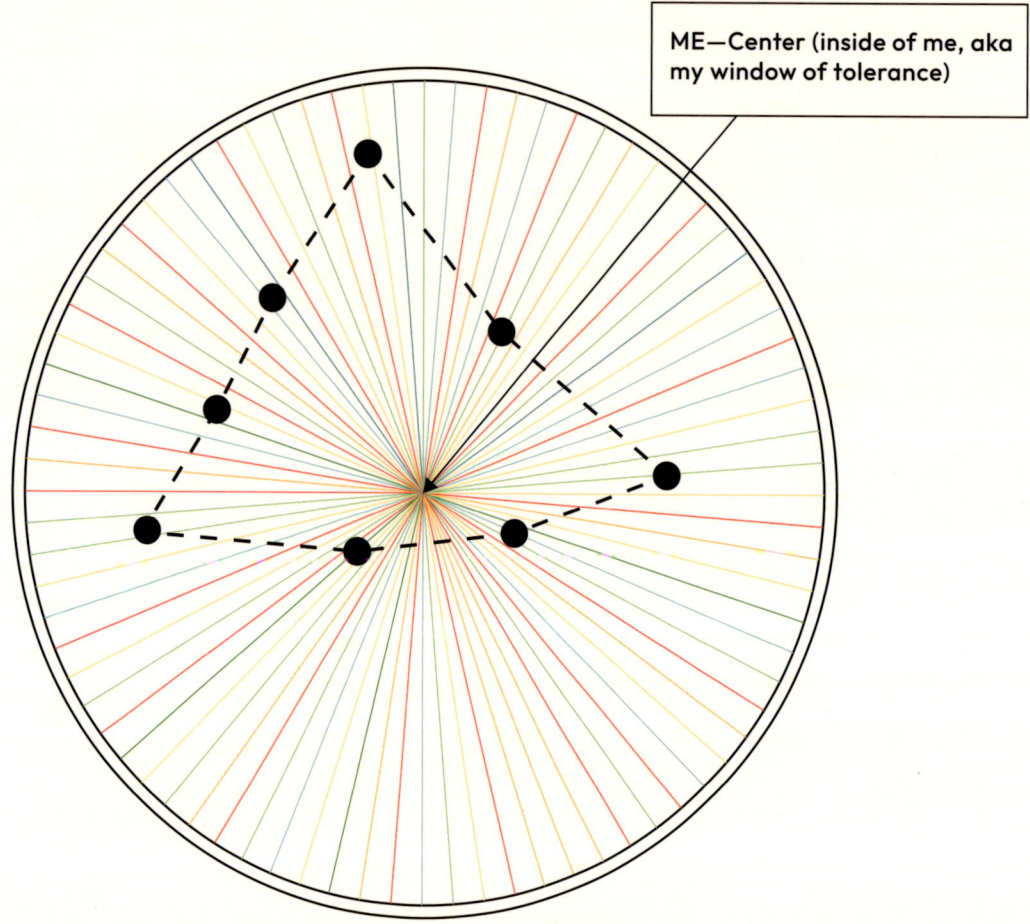

ME—Center (inside of me, aka my window of tolerance)

Freeze
Dissociate, collapse, tonic immobility, catatonia, feeling stuck, lose word/orientation/time/vision, faint …

Fawn
Please, appease, pledge, placate, submit, succumb, obey …

The Wheel of Tolerance: Activity Page

On this page, you can see a blank version of the wheel of tolerance. Let's begin by bringing up a common trigger or area of activation just to practice. When you get triggered or activated in this way, where would you describe the responses that most happen to take you away from your center or sense of Self? Do you get more activated in some areas than in others? If you know that you are a system with different parts, you can use different colors on the wheel or different shapes to show how the parts may respond differently.

We are doing this exercise at first just for practice. Then, as we proceed with therapy, we can leave this wheel out during our sessions. You are free to check in with me as your therapist about where you are on or in the wheel at any given time. I may also ask you to describe what your wheel looks like in any given moment as we proceed, and then you can let me know what you may need in that moment—either to work with the activation or use your established skills to get closer to center.

Fight

Hit, scream, brace, abuse, lash out, be sarcastic, dark humor, bully, dominate ...

Flight

Run, hide, spin, fidget/stim, daydream, imagine, books/films, dissociate ...

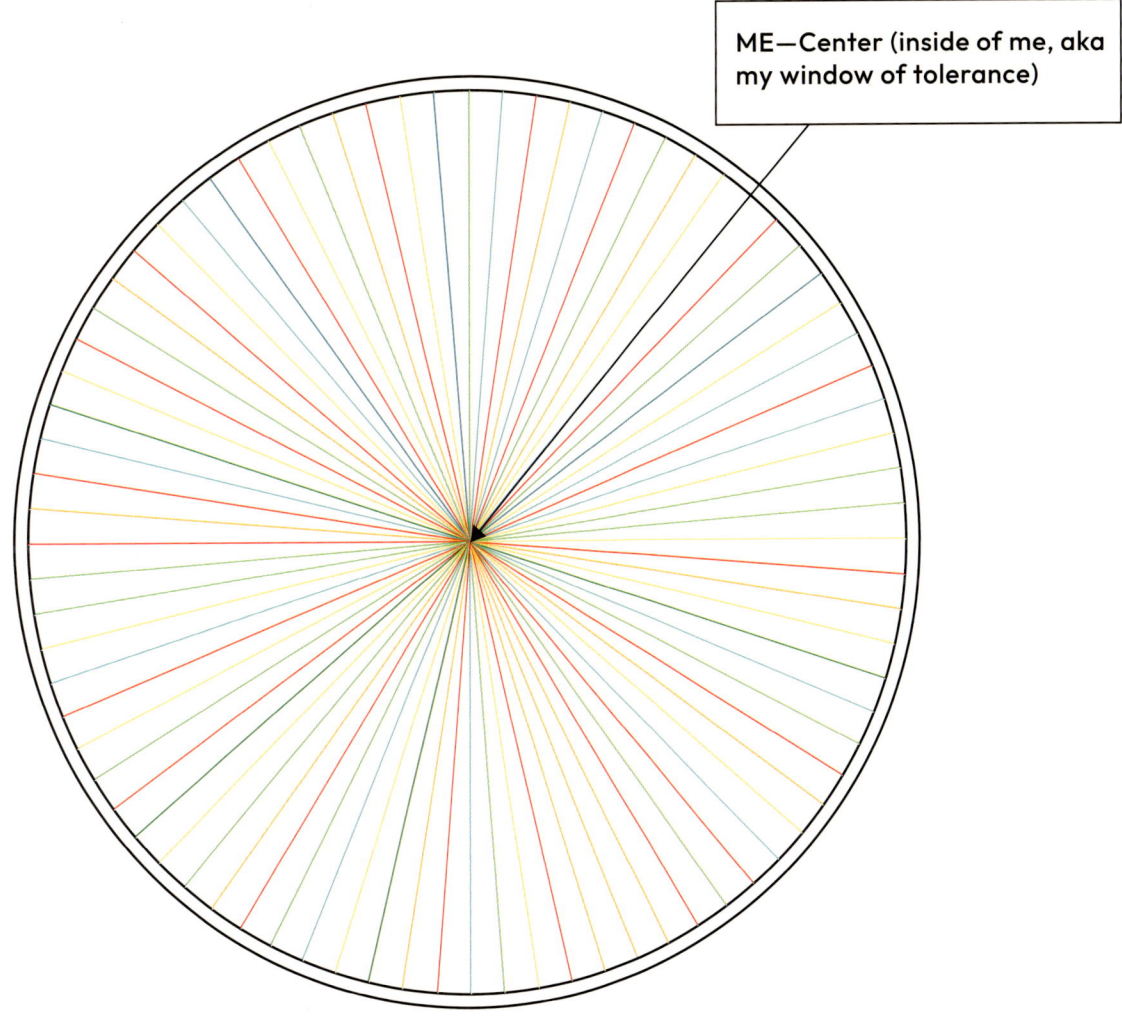

ME—Center (inside of me, aka my window of tolerance)

Freeze

Dissociate, collapse, tonic immobility, catatonia, feeling stuck, lose word/ orientation/time/vision, faint ...

Fawn

Please, appease, pledge, placate, submit, succumb, obey ...

The Wide World of Parts

Parts: the most generic term possible that can be used to describe aspects, sides, or facets of self that do not necessarily represent the presence of another ego state. All human beings have parts, sides, or aspects of themselves, and working with your parts does not necessarily mean that you have a dissociative disorder.

Alter: adapted from *alter ego*; an alternate or changed self that is a separate and distinct personality. Most commonly used by people with DID or OSDD-1.

System: a collection of parts and/or alters; many people with dissociative disorders identify as "systems," although even people without a formal dissociative diagnosis who are well acquainted with their parts or aspects of self may use this language.

Fronting: a term that many people with dissociative disorders may use to refer to who is speaking or acting for the system at any given time.

Switching: as the name suggests, a shift or movement between the parts; some people/systems switch very rapidly and obviously, and for others the switches are more subtle or covert

A Few Other Useful Notes about Parts

- Not everyone likes the term *parts* or *system*; you can be creative with the language. Instead of *parts*, some of our contributors use *selves, personalities, faces, family members, roles, dimensions*. Instead of *system*, some of our contributors use *team, family, collective,* or *our people*.

- The idea of *core self* or *host* (the primary part that represents the person's actual age) may not be useful for everyone. Some people with DID identify as a collective of parts.

- People with dissociative disorders and dissociative experiences of life may elect to use singular *we* and singular *they* pronouns to describe themselves. Many dissociative systems also report having parts of various genders, although many also identify that their parts are the same gender.

- Many systems also report having different ethnic/racial backgrounds, species, or entities as part of their system. One of our contributors reports having a part that's a dog and another has a dragon that serves as a protector. Often, connection with a member of another racial or ethnic background could be related to past life belief systems; or strong relationships with characters of that racial or ethnic background in folklore, movies/television, fiction, or even in real life. System formations across genders, species, and races/ethnicities are all plausible. However, if you are a white person or member of the dominant culture who has a part or parts who are nonwhite or part of an oppressed group that you are not born into, it is important that you do not claim to be an expert on the lived experience of that group in the world.

The Wide World of Parts: Brainstorming

Based on what you've read and learned about parts so far, what is coming up for you? Are any parts, aspects, or sides of yourself calling out for attention?

Whether you identify as having a dissociative disorder or not, it may be useful for you to start brainstorming how you see your parts (or other chosen word) in relationship to each other. Many people find it useful to think of their parts as a metaphor, such as sitting around a conference table, riding in a car or van, piecing together the parts or pieces of a puzzle, or exploring the layers of a nesting doll. Making a playlist of songs that represent you and your various parts may also feel like a good option. Other people find a cinematic or literary universe that they like to be useful, recognizing how the characters in that universe may reflect an aspect of themselves.

It's also okay to use no metaphor at all; simply think about how the different parts are in relationships. Although every system is unique and different, some common threads that can show up include parts that protect or defend, parts that feel young and vulnerable, parts that "get shit done" (in the words of our contributors) or function like superheroes, and even parts that might be really aligned with or defensive of the people who harmed you. Can you embrace them with an attitude of *you are all welcome here?*

Options for Parts Mapping

Fraser's Table:

Many trauma-focused therapists find that Fraser's Table is a solid place to begin the concept of *parts* or *system mapping* with their clients. Psychiatrist George Fraser, an advocate who worked to spread recognition of DID, believed that a person with dissociative parts could get to know their system and how the various parts interact with each other. His original article led to the popularization of the "conference table" metaphor for people being able to map out their parts and how they interact.... In the original article from 1991, Fraser presents the following approaches: relaxation imagery, dissociative table imagery, the spotlight technique, the middleman technique, the screen technique, the search for the center ego state, memory projection technique, transformation stage technique. This last technique can be very controversial within the community of people who experience dissociation. Many individuals with DID strongly resist or oppose a psychiatrist or any other provider's insistence that they integrate the various aspects of their personality into a cohesive whole. This process can feel disrespectful to the members of a system, and if you are reading this passage and have ever felt triggered at the suggestion that you need to integrate, you are not alone. (*Dissociation Made Simple*, 114)

Internal Family Systems (IFS):

A major contention of IFS, created by Richard Schwartz, is that the core of a person is the Self, which is inherently whole and undamaged. This teaching is quite aligned with what yoga philosophy teaches about the Self. The three major types of parts that form to protect the core Self are exiles (created by trauma, generally seen as the parts we are hesitant to look at or examine), managers (created to protect the Self from the exiles), and firefighters (created to put out strong emotions and keep the exiles contained). In the example of substance use disorders, addictive or other acting-out behavior is a function of the firefighting parts, and the manager parts may stand in the way of a person and their system addressing what they need to in order to heal (the exiles). The IFS approach can make good sense to most of my clients when giving them an explanation of what parts are and how they interact with each other. The idea that we are already built to be whole is fundamentally very empowering. The IFS movement is also accelerating the conversation that we all have parts and all of our parts are to be honored, an idea that I fundamentally believe and highlight as a major truth in this book. For myself and several of my professional collaborators, while we can see the value of IFS popularity in carrying this message, we also have concerns that the needs and complexities of people with DID and other dissociative disorders run the risk of being erased or even disparaged. (*Dissociation Made Simple*, 117)

Jungian Archetypes:

In a more current review of Carl Jung (1875–1961) and his legacy, John O'Brien summarized, "Archetypes are universal organizing themes or patterns that appear regardless of space, time, or person. Appearing in all existential realms and at all levels of systematic recursion, they are organized as themes in the *unus mundus* [one world], which Jung ... described as 'the potential world outside of time,' and are detectable through synchronicities." Jung taught about archetypal events, such as birth, death, separation from parents, initiation, marriage, and the union of opposites; archetypal figures, such as the Great Mother, Father, child, devil, god, wise old man and woman, Trickster, hero, and shapeshifter; and archetypal motifs, like the apocalypse, the deluge, and the creation. Although Jung's writings can be greatly in need of some feminist updates, and some of his thinking lacked racial sensitivity, the archetypes still seem to have value for many and create a basis for the use of metaphor in parts work. (*Dissociation Made Simple*, 112)

Mapping Your Parts

How would you "map" your internal world? If the idea of a literal map works for you, like a map of states and countries or a road map, go with it! If other metaphors strike a chord, use those. In addition to some of the metaphors listed in this flipchart guide, you are also welcome to borrow some others that people I've worked with and taught have also implemented: a bouquet of flowers, a bunch of balloons, a stew with various ingredients (salads also work), instruments in a band or an orchestra, keys on a key ring, mosaics, rooms of a house, the car or van, or sitting in a circle as in group therapy or a meeting.

Intersections

Now that you've done your parts map, we'd like to extend to you one more visual invitation that may help you in the Dissociative Profile Exercise on page 30. As we cover in *Dissociation Made Simple* and earlier in the flipchart, not all signs and symptoms of dissociation automatically suggest a dissociative disorder. There are people, including many contributors to the book, whose primary diagnoses are not dissociative disorders yet they experience dissociation. And there are many people who have both a dissociative disorder and another diagnosis or condition.

Let's listen to two of our contributors and how they speak about their intersections.

The first is Erin, who has a primary ADHD diagnosis yet also experiences dissociative symptoms as a result of complex PTSD:

> My experience of dissociation has been emotional numbness and detachment since I grew up in a house without emotional validation and attachment. It was an addictive household. There was a lot of ignoring of what's going on, Irish Catholic values, burying shame in alcohol that was also intergenerational. Learning to treat the dissociation components of complex trauma then led to a flare-up in what was diagnosed as ADHD. This made sense because looking back, my attention deficit issues were there before the onset of my biggest traumatic experience. Traditional grounding skills tend to help with the lack of presence I experience connected to dissociation and distress in my parts system. When my lack of presence is attention-related, moving and fidgeting seem to help the most. ADHD symptoms can more randomly creep in, whereas I am eventually able to trace dissociative responses to some kind of trauma trigger. The combination of trauma-focused psychotherapy and medication management (for the ADHD) is essential to my overall well-being and functioning. (*Dissociation Made Simple*, 65–66)

The second is Sarah, who developed a traumatic brain injury (TBI) as a result of a traumatic attack experienced when she was in active addiction. She reflects:

> It feels like a part of me did die, that part isn't there anymore. It impacts my personality, impacts coping. A piece of me that's never going to be safe. It is essential to assess for traumatic brain injury in patients who have been chronically abused since childhood or have a history of physical assault or accidents potentially resulting in head injury. Undiagnosed and untreated TBI can significantly interfere with therapy progress. (*Dissociation Made Simple*, 70)

And for some people, especially those who are marginalized, dissociation does not result from or intersect with a mental or medical condition—dissociation is a valid response to societal or systemic trauma. Contributor Dr. Kellie Kirksey, an African American woman, notes:

> Black Americans have been dissociating since slavery began. (*Dissociation Made Simple*, 79)

Intersections Exercise: Making a Venn Diagram

A Venn diagram is a visual collection of intersecting images and coordinates designed to show a relationship between elements. Here is an example of a Venn diagram that you may have seen in school or other places in public:

How might you use a series of shapes, lines, or other markings to visually demonstrate how the various elements of your experiences, symptoms, or diagnoses intersect and interplay? As an example, you may think of how Erin, Sarah, or Kellie on the previous page might make theirs before you dive into yours.

Dissociative Profile Exercise

The Dissociative Profile is a powerful exercise that helps you examine your dissociative tendencies. This is not an exercise in judgment or shaming. Rather, it is a self-inventory that can hopefully support where you want to go in your healing journey. In this exercise we will use two columns to help us evaluate. You can use the knowledge of your parts/system or other insights gained on your Venn diagram to help you construct your Dissociative Profile.

- What are your dissociative tendencies, both adaptive and maladaptive? (i.e., how do you *sever* from the present moment when you are stressed or overwhelmed?)
- What seems to trigger or activate those tendencies?
- What helps you return to the present moment in the most adaptive way possible?

Notice how different parts may or may not show up in each column.

You may want to do this exercise as your core self, as your system, or as different parts. All variations on the exercise are welcome!

My Dissociative Tendencies	What Helps Me Return to the Present Moment
Daydreaming when I'm bored—this was helpful (adaptive) when I was a kid; it's how I survived my parents' constant fighting. Somewhat of a problem/maladaptive now, as it can keep me from paying attention at work.	Telling myself to "snap out of it" helps sometimes; this is something I'd like to work on, though, because it can be hard to get out of the dream world. Recently discovered that smelling some peppermint oil or sucking on a peppermint candy can also be helpful to bring me out of the daydream. Doodling or drawing what can feel like nonsense on a page is also helpful.

Communication and Collaboration between Parts

The majority of contributors, like John, noted that there is often a fine line to negotiate between a dissociative response being adaptive and maladaptive. Malika contends that when dissociation is unconscious or just happens she can feel disempowered, but feels very empowered when she can actively choose to use it for her advantage.

For contributor Katarina Lundgren, developer of the Wheel of Tolerance model, "The brain is a huge network—it's a different hub for different things. Sometimes communication is cut off between hubs."

Megan, a woman with DID, sees her body as the "shell," and all of her approximately eight parts live inside. She has two little child parts, a middle-aged man and woman who serve as gatekeepers, a young girl, a young boy, very angry parts, a professional part, and one tied to a relationship she was in. Continuing the explanation of the shell, "If the turtle gets scared, it clams up and then can come back out as a different part." Although she didn't develop awareness of her parts until later in life, she's learned that developing internal communication with her parts has been key. This theme of learning to communicate with the system in a way that works for the system and how it relates to the world is resonant throughout the interviews with our DID contributors.

Dr. Deborah Korn, one of our professional contributors, sees herself as constantly doing group therapy with the presenting client. She is always working toward increasing someone's co-consciousness and bringing parts into communication, observing that "People need help with scooping up and then stitching together the components of experience."

Jamie (your author) likes to write scenes, as if she is writing a play, to facilitate communication between her various parts. Here is one she wrote between her adult self (AJ) and Nine (9). You can find more about parts scene work on page 149 of *Dissociation Made Simple*.

9: *Oh boy, you still go to that stuffy conference?*

AJ: *Of course. It's gotten better for me. For all of us, I think.*

9: *What are you teaching on this year?*

AJ: *Dissociation—about how our mind works.*

9: *Oh brother. Do you think we can handle it without chewing their heads off?*

AJ: *I'm hoping we can. Can I get your input first?*

9: *You really sure you want to hear from me on this one?*

AJ: *Yes I do.*

Communication and Collaboration between Parts

What works best for you to facilitate communication between your parts? You can use the space below to write a short scene like Jamie does. If there is a visual that works better to show movement on your parts map or Venn diagram, go ahead and express that below. It may even work for you to bring in some movement: If one part was feeling one gesture, pose, or movement right now, what would that be? And then what gestures, poses, or movements might the other express? Flow back and forth between the movements and be open to what might be revealed in that process.

Ending Denial, Stigma, and Discrimination

Normalizing dissociation is a huge aspect of how we change the conversation around it in order to combat the myths and misconceptions. One such myth is that people with dissociative disorders are so unstable, they will never be able to live a functional and thriving life. Indeed, most people with dissociative disorders, even DID, function well in many aspects of their lives. The dissociative mind develops many skills, and one of these is an ability to hide things well. Another gift can be the ability to use dissociative functions adaptively for survival. Yet in other areas of life, we may be experiencing a great deal of exhaustion, distress, and shame—which can bring us to therapy in the first place. And too often we are met with professionals who either don't know how to handle us, *or professionals who don't even believe that dissociation is real.*

As we discussed in chapter 7 of *Dissociation Made Simple,* Dr. Bethany Brand and others had a major academic paper published in the *Harvard Review of Psychiatry* in 2016 that took on many of the myths and misconceptions about DID: "DID is a legitimate and distinct psychiatric disorder that is recognizable worldwide and can be reliably identified in multiple settings by appropriately trained researchers and clinicians."

Here are the six myths that the team discussed in that paper, which can be easily searched online:

1. DID is a fad.
2. DID is primarily diagnosed in North America by DID experts who overdiagnose the disorder.
3. DID is rare.
4. DID is an iatrogenic (suggested/caused by the treating clinician) disorder rather than a trauma-based disorder.
5. DID is the same entity as Borderline Personality Disorder.
6. DID treatment is harmful to patients.

Here are additional myths that Dr. Jamie and contributors discuss in *Dissociation Made Simple,* based on their clinical and lived experience:

- DID only comes with extreme sexual or ritualistic trauma. *We need to emphasize that the presence of DID or a dissociative disorder does not automatically mean that you or any other person experienced these kinds of abuses. All types of unhealed trauma can lead to dissociative disorders.* Although pervasive developmental trauma early in life is often seen with a DID diagnosis, even the character of how that abuse played out can differ from person to person (or system to system).

- People with dissociative disorders (especially DID) are treatment-resistant and cannot live full lives. When screening for dissociative expressions is working at its best, a clinician will identify the level of dissociation they are dealing with in order to develop a plan. This plan ought to involve receiving consultation or extra help in training on a case while they learn more about the true nature of dissociation and not just operate on old myths or outdated information they might have received along the way. The best consultation will challenge willing professionals to look at their own biases and struggles and often inspire professionals to engage in more of their own trauma-focused work.

Challenging Myths and Biases

The introduction to *Dissociation Made Simple* is subtitled "Dissociation Is Not a Dirty Word" because Dr. Jamie/Jamie is troubled by hearing her clinical colleagues talk only about dissociation like it is the most horrible thing possible that is difficult to treat *or* (at the other extreme) that it doesn't exist at all. If you have heard some of this noise from either direction, now is your chance to change the narrative.

In the chart below, we've given you a few examples of myth versus truth. What would you add to this table?

Dissociation Myth	Dissociation Truth
DID and dissociation are caused by a treating clinician.	Clinicians can be hesitant to diagnose DID and other dissociative conditions.
Dissociation and dissociative clients are treatment-resistant.	Integrated treatment models, trauma and dissociation informed clinicians, and flexibility are essential to treating clients with dissociative experiences.
DID is very rare.	DID affects 1 to 1.5 percent of the general population.

Treatment Options

For us, the goal of any treatment is to empower people to navigate their own recovery and know that there is no one-size-fits-all, magic solution. Several of our contributors did speak to the importance of not being rigid. Says Kirsten, "In order to work with me, you must throw out the textbook."

A common theme among *Dissociation Made Simple* contributors is that an artful combination of healing or clinical approaches guided by a solid and genuine therapeutic relationship is crucial.

On the combination or even integration of approaches, the International Society for the Study of Trauma and Dissociation (ISSTD) published treatment guidelines for both adults and adolescents dealing with dissociative disorders in 2011, emphasizing that using the 3-Stage Consensus or phase-oriented approach to trauma treatment is generally wise.

Originally developed by Pierre Janet in 1889, a phase-oriented approach to treatment follows this general flow:

- Phase 1: Stabilization, symptom-oriented treatment, and preparation for liquidation or elimination of traumatic memories
- Phase 2: Identification, exploration, and modification (or shifting) of traumatic memories
- Phase 3: Relapse prevention, relief of residual symptoms, personality reintegration or addressing treatment goals around healing of ego states, and rehabilitation or transition to a healthier life

Some of the modalities that *Dissociation Made Simple* contributors named as effective for them at various phases of their healing included:

- EMDR Therapy
- Somatic and Expressive Modalities
- Traditional Addiction Treatment and 12-Step Modalities
- Text-Based Therapy
- Psychedelics and Plant Medicine
- Yoga and Energy Modalities
- Spiritual Direction, and Shamanic and Indigenous Approaches

Even in the individual sections highlighting each approach in chapter 6 of *Dissociation Made Simple,* you will see how our contributors emphasize the need for a healthy combination with respect to the therapeutic relationship and client feedback/preferences.

Dissociation and Relationships

How you disclose your dissociative disorder or any other mental health condition is fundamentally a personal choice where you must take many variables into account—above all, your own safety. You may want to take some time to process things therapeutically or otherwise before sharing publicly. The greatest fears about coming out may involve navigating your own shame and how you see yourself in relation to your diagnosis. Here are some areas of life where people may struggle to be fully out and authentic:

- **The workplace or among other professionals:** Some professions can be more brutal than others in allowing a person to be fully human. It's hard for clinical professionals to be out about their struggles with DID. Being out as a judge, a lawyer, or someone in law enforcement might be next to impossible. So assessing whether it is safe to come out in your professional life is a first step that many people navigate. Contributor Olga Trujillo, an attorney and advocate with DID, explains that even though it is illegal for a person to be fired based solely on their diagnosis, institutions can find clever ways to "get rid of someone" if they really want them gone. This campaign typically involves scrutinizing elements like attendance and performance. Contributor Amy Wagner calls this *being held to a higher standard* after you come out in any way.

- **In romantic relationships or friendships:** Contributor Alexis calls disclosing your DID or other dissociative disorders "dropping the DID bomb," and one of the trickiest issues for people with dissociative disorders can be negotiating the timing if they enter a relationship knowing that they have them. If we disclose them at the beginning we might scare people, and not just romantic partners—coworkers, friends, other people in the community—the stigma might prevent people from seeing beyond our condition. Yet if we wait to disclose dissociation should we need to, it can feel like we are lying.

- **To family members:** One of our contributors added anonymously, "People are judgy. This is a reason I will not tell my family that I have DID, afraid that they're going to do their own Internet research." In reality, some family members, partners, and trusted others are in a better place to educate themselves about dissociation in a way that is supportive to them and to their loved one than others. Many professionals navigate carefully how much or how little they may involve the family in treatment for this very reason.

Dissociation and Relationships: Practice "Coming Out"

In this exercise, consider one of the relationships described on the previous page where you may feel a desire to come out and be transparent although you still have fears. Using the space below, write a few lines of what you would like to say, assuming that judgment wasn't a factor. Uncensor yourself and then notice how that feels. Then, you can go back and circle, cross out, or mark up areas of most concern for you and then talk through these with your therapist or trusted other.

parts:
a general term used in the psychological and helping professions that can refer to many different things. I see it as the most generic term possible that can be used to describe aspects, sides, or facets of self that do not necessarily represent the presence of another ego state. Some people even conceptualize their parts as the various roles they occupy in life: for instance, mother, teacher, friend, client, bowler, social justice advocate, etc.

perpetrator-identifying part:
denotes a part that either takes on the qualities of a perpetrator or abuser, or aligns/takes the side in some way of the perpetrator or abuser

plural (or plurality):
a colloquial term for people with dissociative disorders that identify having a system with many parts or alters; people with Dissociative Identity Disorder and other dissociative disorders can identify as being plural. Many people prefer the term *multiplicity* instead of *plurality*.

psychosis:
comes from the Greek *psyche*, meaning "animation of life"; typically identified by reality testing in the form of delusions and hallucinations

switching:
a movement back and forth between different parts or aspects that are fronting; some people switch often and rapidly, some very subtly or not at all

trance:
a state of semiconsciousness in which a person is not fully responsive to external stimulation; can be a state that is associated with many things, like dissociation, hypnosis, or meditation

trauma:
comes from the Greek word meaning "wound"; in the human services, relates to any unhealed wound (physical, emotional, psychological, sexual, or spiritual in nature). Unhealed trauma can manifest as a variety of clinical diagnoses in the *Diagnostic and Statistical Manual of Mental Disorders* (DSM).

Recommended Reading and Resources

Organizations

An Infinite Mind: www.aninfinitemind.com

The Institute for Creative Mindfulness: www.instituteforcreativemindfulness.com

International Society for the Study of Trauma and Dissociation: www.isst-d.org

The Plural Association: www.powertotheplurals.com

Websites, Blogs, and Other Tools

Adrian Fletcher, PsyD: www.drfletch.com

Beauty After Bruises: www.beautyafterbruises.org

Bethany Brand, PhD: https://bethanybrand.com

Carolyn Spring: www.carolynspring.com

DID Research: www.did-research.org

DID Self-Help: www.didselfhelp.com

Discovering DID (K.D. Roche): https://blog.discoveringdid.com

Discussing Dissociation: www.discussingdissociation.com

Dissociative Disorders Interview Schedule: www.rossinst.com/ddis

Dissociative Experiences Scale II: http://traumadissociation.com/des

Fireweed Collective: https://fireweedcollective.org

Fraser's Table: https://connect.springerpub.com/content/sgremdr/6/4/179?implicit-login=true

Guided Healing Psychology Resources (including DID Emergency Cards): www.guidedhealingpsychology.com.au/resources

The Hearing Voices Network: www.hearing-voices.org

The Institute for Creative Mindfulness Dissociation & Addiction Resources: www.instituteforcreativemindfulness.com/dissociation-addiction-resources.html

L.B. Lee: http://healthymultiplicity.com/loonybrain/InfoHome.html

Multidimensional Inventory of Dissociation (MID): www.mid-assessment.com

Olga Trujillo, JD: www.reachingvictims.org/team-member/olga-trujillo/

Pandora's Project: https://pandys.org

Privilege as a Dissociative Mechanism (Tada Hozumi): www.youtube.com/watch?v=errSkfnZBbE

Ritual Abuse, Ritual Crime & Healing: http://ra-info.org

Sidran Institute and Traumatic Stress Institute: www.sidran.org

Structured Clinical Interview for Dissociative Disorders (SCID-D): www.rossinst.com/Downloads/DDIS-DSM-5.pdf

TeachTrauma: https://teachtrauma.com

Top DD Studies: https://topddstudy.com

Trauma and Dissociative Disorders Explained: http://traumadissociation.com/index.html

Trauma Made Simple (Dr. Jamie Marich's Resources Website): www.traumamadesimple.com

Treatment Guidelines for Dissociation (Adult): www.isst-d.org/resources/adult-treatment-guidelines

Treatment Guidelines for Dissociation (Child/Adolescent): www.isst-d.org/resources/child-adolescent-treatment-guidelines